U0923773

芜湖长江公路二桥技术创新系列丛书

Research on Temperature Stress Control Technology of Bridge Pylon Column

桥梁塔柱温度应力控制技术研究

马祖桥　胡　可　宋　军　阮　欣　等　著

人民交通出版社股份有限公司

北　京

内 容 提 要

本书为芜湖长江公路二桥技术创新系列丛书之一,系统总结了水化温度应力控制的科研成果和实践经验。全书共7章,内容包括:概述,温度、应力与裂缝分析理论,温度应力自适应控制理论,桥塔温度应力控制工艺,桥塔温度应力监控体系,永存应力效应及等效模型,质量管理及信息技术应用。

本书可供从事桥涵设计与施工工作的工程技术人员参考,也可供相关专业学生和科研人员阅读。

图书在版编目(CIP)数据

桥梁塔柱温度应力控制技术研究 / 马祖桥等著. —
北京 : 人民交通出版社股份有限公司,2020.3
ISBN 978-7-114-15817-9

Ⅰ. ①桥… Ⅱ. ①马… Ⅲ. ①塔柱—温度控制 Ⅳ.
①U443.38

中国版本图书馆 CIP 数据核字(2019)第 188421 号

芜湖长江公路二桥技术创新系列丛书
Qiaoliang Tazhu Wendu Yingli Kongzhi Jishu Yanjiu

书　　名:桥梁塔柱温度应力控制技术研究
著 作 者:马祖桥　胡　可　宋　军　阮　欣　等
责任编辑:曲　乐　吴燕伶
责任校对:赵媛媛
责任印制:刘高彤
出版发行:人民交通出版社股份有限公司
地　　址:(100011)北京市朝阳区安定门外外馆斜街3号
网　　址:http://www.ccpress.com.cn
销售电话:(010)59757973
总 经 销:人民交通出版社股份有限公司发行部
经　　销:各地新华书店
印　　刷:北京印匠彩色印刷有限公司
开　　本:787×1092　1/16
印　　张:7.75
字　　数:130千
版　　次:2020年3月　第1版
印　　次:2020年3月　第1次印刷
书　　号:ISBN 978-7-114-15817-9
定　　价:38.00元

《桥梁塔柱温度应力控制技术研究》
编　委　会

序

党中央、国务院历来高度重视创新工作。

安徽省交通建设主管部门和工程建设者们，一直将创新工作摆在推动交通基础设施转型升级的首要位置，在完善激励机制、人才建设等方面制定了一系列政策措施，为创新营造了浓厚的发展氛围。全省各地建设项目积极因势利导，开展创新推动，创新工作如雨后春笋蓬勃发展，项目品质明显提升。

在芜湖长江公路二桥项目建设伊始，建设者们就力求将其打造为一个技术示范型工程，以“安全、耐久、简约、美观”为建造理念，以技术创新和工程品质为基础，不断实现卓越工程的建造。在项目的建设过程中，建设者们在总结技术进步、管理提升等经验的基础上提出了“安徽精度”的建设理念，它是从安徽交通建设实践中提炼出的更高管理要求，即勇于创新的挑战精神，精益求精的严谨态度，操作行为严于规程、质量指标高于标准的执着追求。

安徽精度是创新的体现，也是匠心建造的表达。

安徽精度是一种精神，它与行业精神文明建设同频共振。建设具有技术示范性的百年大桥，是安徽交通建设者们圆梦超越的夙愿，要实现这一宏伟目标，就要全体人员提振精神气，迎接挑战，跨越赶超。行业精神文明建设，需要建设者们不断筑牢团结奋斗的共同思想基础，大力营造聚精会神干事业、一心一意谋发展的浓厚氛围，真正引导广大建设者们把思想行动统一到提升工程品质的具体行动上来。

安徽精度是一种追求，它与加快基础设施建设、提升公共服务水平同频共振。安徽精度是一个完整的体系，是工程质量控制理念和方法论的集合体，不仅涵盖常规的质量控制目标及控制指标，而且还包含达成质量目标所需要的新型技术及精细管控保障方式。同时也包含着在建造过程中不断追求完善，不断寻求突破的建造精神，是提升建设工程综合品质的重要手段。

安徽精度是一种态度，它与我国交通建设事业发展的脉搏同频共振。经历了30余年的大建设高潮，我国已经成为享誉世界的交通设施建设大国，无论是工程的规模，还是工程的数量和种类都已经进入世界前列，同时我国在科技创新、结构设计、施工建造等方面也积累了丰富的经验。但在回顾这些成绩时也会引起建设者们的反思：当前，交通基础设施不仅需要数量的增长，更需要品质、品牌和文化的提升，从注重工程实体质量向提升建设品牌的转变已具备必要的条件。

人民交通出版社股份有限公司出版的“芜湖长江公路二桥技术创新系列丛书”是在深入总结芜湖长江公路二桥建设经验的基础上，由一线技术人员和专家编写的、符合当前交通建设实际的、顺应交通建设发展潮流的生产指导用书。

用好“芜湖长江公路二桥技术创新系列丛书”，对于项目标准化、工厂化、规范化建设，提升徽道品质，意义深远。

2019 年秋于北京

前　言

水化温度应力是导致高热或大体积混凝土结构开裂的主要原因,我国于1950年始开展了大量的研究工作,建立了水工结构的温度控制技术体系。桥梁结构由于具有高热、快速化建造等典型特点,若完全移植水工结构的温控技术,存在成本偏高、控制不精确等问题,温度裂缝不能得到有效控制。

为解决芜湖长江公路二桥桥塔施工期间开裂问题,在安徽省交通控股集团有限公司科技基金支持下,同济大学等单位基于大量的温度测试开展研究工作,建立了自适应的温度应力控制技术,创新了工艺以及管控体系,成功控制了塔柱的裂缝。

编委会对水化温度应力控制的科研成果和实践经验进行了系统总结,形成本书。本书基本体系如下:

第1章主要介绍了水化温度效应的基础理论、技术现状,概述了芜湖长江公路二桥桥塔情况。

第2章主要介绍了水化温度、温度应力以及裂缝的计算方法,以桥塔示例了计算方法,分析了桥塔中的温度裂缝规律。

第3章主要介绍了温度应力的自适应控制方法,给出了精确的评估方法、控制指标的计算方法。

第4章主要介绍了温度应力控制的工艺体系,包括整体降温、表面防护以及应力的直接控制工艺,建立了标准的工艺体系。

第5章主要介绍了桥塔温度应力的即时监控体系以及动态指标计算方法。

第6章主要介绍了水化温度永存应力概念,示例了永存应力的等效模型方法。

第7章主要介绍了温度应力控制的质量管理体系,探索了信息平台以及大数据的应用方法。

本书建立的自适应控制技术、工艺体系、监控体系以及管控体系,可以为其他类似工程的水化温度应力控制提供借鉴。鉴于水化温度问题的复杂程度较高,且编者水平有限,书中错误在所难免,欢迎读者批评指正。

编委会

2019 年 5 月于合肥

目　　录

第1章　概述

1.1　水化温度应力与开裂问题

混凝土材料具有较高的抗压强度，且经济性较好，普遍应用于现代工程建设之中。桥梁结构中，混凝土结构占据了较高的比例。桥梁结构应用混凝土材料具有如下特点：

(1)抗裂性能差，容易产生受拉裂缝；混凝土抗拉强度与抗压强度的比值为1/18～1/8，短期加载时的极限拉伸应变只有$(0.6\sim1.0)\times10^{-4}$，仅相当于温度降低6～10℃的变形。

(2)早龄期受水化作用影响，温度与应力规律复杂；混凝土浇筑后水化，温度急剧上升，此时弹性模量小、徐变效应大，升温引起的应力效应较小，但后期冷却过程中，弹性模量较大、徐变效应小，降温引起的应力效应较大。温度应力沿时程变化，且与结构构型、外在约束条件相关，整体规律复杂，极易引发开裂。

(3)混凝土质量与原材、浇筑工艺、养护措施相关，早龄期开裂成因复杂，消除难度大；除水化温度效应影响外，混凝土整体收缩、表面失水干缩、原材性能不稳定、浇筑过程中振捣不均、过早拆除模板等都会引起开裂现象。

桥梁工程领域主要借鉴大体积混凝土的控制方法，对承台、塔座、桥墩等开展早龄期温度控制。该类结构尺寸较大，水化温度效应过于显著，一般而言，可能产生表面裂缝、内部裂缝与贯穿裂缝三类开裂现象，见图1-1。

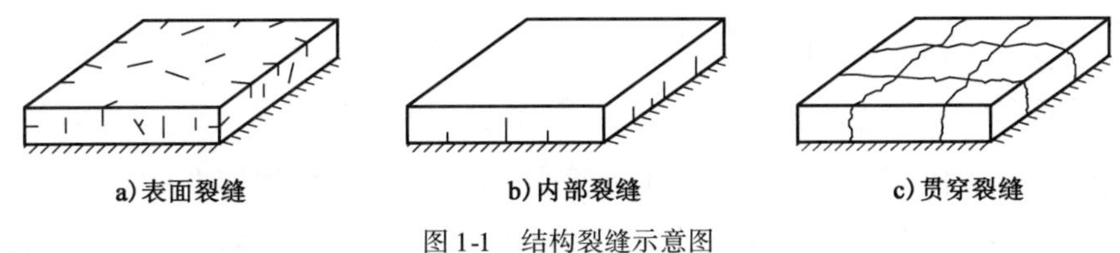

图1-1　结构裂缝示意图

表面裂缝产生的原因为内部与表面(简称“内表”)温差过大或者表面失水干缩，表面产生的收缩形变受核心混凝土的约束引起开裂，此类裂缝一般深度较浅，走向随机，多集中在边角区域。

内部裂缝产生的原因为结构整体产生过大的升降温以及混凝土收缩效应，结构的形变受基础层的约束引起开裂，此类裂缝沿基础交界面向上发展，受拉变形释放后即停止发展。

贯穿裂缝是前两类裂缝互相连通的结果,当结构的形变量较大时,两类裂缝产生后削弱截面,随着形变量的继续发生,裂缝沿薄弱面发展,最终贯通。

桥梁结构的受力筋一般布置在距离表面较近的区域,表面裂缝形成腐蚀通道,导致受力钢筋锈蚀;内部裂缝与贯穿裂缝则破坏结构的整体性,影响结构的力学性能。早龄期的开裂现象类似于先天缺陷,加速了结构退化的进程,应对裂缝宽度、数量进行控制,运营期增加必要的养护措施。

大跨径桥梁混凝土塔柱的构造尺寸一般大于0.5m,且普遍采用C40以上等级的混凝土,水化温升普遍偏高,桥塔也面临着较高的开裂风险。由于塔柱构型多为薄壁空腔结构,分层浇筑,与坐落于地基上的大体积混凝土结构完全不同,温度效应可能表现出不同规律,复杂程度较高;而且,单节建造时间短,缺少充分的养护,高空环境的气候复杂,温度应力的控制难度也较大。因此,在塔柱开展的温度控制实践较少,部分采用单一的保温或者提高强度的措施也难以达到预期效果。

综上所述,研究适用于桥梁塔柱的早龄期温度应力控制的理论、工艺及管理方法,在实际工程中开展应用与改进,对于提升桥梁建造品质、保障长效耐久都具有十分重要的意义。

1.2 研究与控制现状

1.2.1 大体积混凝土定义

大体积混凝土结构温度场及温度应力问题研究是从美国修建胡佛坝开始的。当时美国垦务局组织力量,进行了水管冷却、宽槽低温空气冷却及装配式预制块等新的施工工艺专题研究,取得了较满意的成果。胡佛坝所采用的大体积混凝土技术很多至今仍在沿用。

许多机构诸如美国垦务局、苏联水工研究院、日本京都大学等对大体积混凝土结构的实际设计、施工技术、温度控制指标和温度控制措施做了深入的研究,如浇筑块的合理分块分层、适当减少水泥用量、选择低热水泥、各种集料预冷方法,以及温度场、温度应力计算等,其重点在预防大体积混凝土结构产生裂缝,同时也探求了对已有的裂缝进行有效处理的各种技术措施。

国内外工程界重视大体积混凝土的客观水化规律及对结构产生的永久性损伤,对于大体积混凝土进行了专项定义,具有代表性的有如下几种:

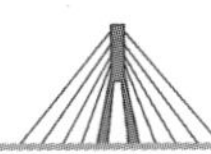

(1)美国混凝土协会(ACI):任何就地浇筑的混凝土,因其尺寸之大,必须采取措施解决水化热及随之引起的体积变形问题,以最大限度地控制和减少开裂,就称为大体积混凝土。

(2)日本建筑学会标准(JASS):结构断面最小尺寸在80cm以上,水化热引起的混凝土内最高温度与外界气温之差,预计超过25℃的混凝土,称为大体积混凝土。

(3)《公路桥涵施工技术规范》(JTG/T F50—2011):现场浇筑的最小边尺寸为1~3m且必须采取措施以避免水化热引起的温差超过25℃的混凝土称为大体积混凝土[1]。

(4)《大体积混凝土施工规范》(GB 50496—2009):混凝土结构物实体最小几何尺寸不小于1m的大体量混凝土,或预计会因混凝土中胶凝材料水化引起的温度变化和收缩而导致有害裂缝产生的混凝土[2]。

(5)《水运工程大体积混凝土温度裂缝控制技术规程》(JTS 202-1—2010):预计因胶凝材料水化热等因素引起混凝土温度变化导致裂缝,或结构断面最小尺寸等于或大于1m的混凝土[3]。

(6)王铁梦在《工程结构裂缝控制》中的定义是:在工业与民用建筑结构中,一般现浇的连续墙式结构、地下构筑物及设备基础等是容易由温度收缩应力引起裂缝的结构,通称为大体积混凝土结构[4]。

针对大体积混凝土的定义主要集中在尺寸、温度、效应三个方面,尺寸为0.8~1m,温度上与环境温差超过25℃,效应则以导致混凝土开裂为判断条件。经分析,在各国规范中,以效应为判断条件定义大体积混凝土最为直接,但其他要素也客观反映了大体积混凝土的典型特征。

1.2.2 桥塔开裂问题调研

混凝土索塔开裂问题大部分在桥梁施工期间已出现,部分桥梁在运营期也出现开裂现象,现列举国内几座已建的同类型桥梁索塔开裂情况的调研结果。

(1)重庆李家沱长江大桥主桥为跨径169m+444m+169m的双塔双索面混凝土斜拉桥,其索塔采用C40混凝土。该桥从1997年初建成通车至今,发现两索塔均出现裂缝。2号墩上游塔柱裂缝主要集中在17~24号锚箱之间的区段,其他3个塔柱裂缝主要集中在20~24号锚箱之间的区段,裂缝基本上呈水平走向。在3号墩下游塔柱24号锚箱上游侧,出现的最长裂缝约15m;3号墩下游塔柱西南角南面裂缝深度多在30~60mm,最大深度64mm,其他位置的裂缝深度多在20~40mm。

(2)重庆马桑溪长江大桥,桥梁全长1104.23m,桥面宽30.6m,主桥为179m+360m+

179m 的三跨预应力钢筋混凝土双塔双索面漂浮体系斜拉桥。索塔采用倒 Y 形，箱形断面。其中，两索塔分别高 164.01m 和 168.51m。两索塔侧壁从塔底向上沿塔中心线出现多道裂缝，裂缝主要发生在中塔柱段塔中心线附近，裂缝宽度介于 0.14 ~ 1.3mm，裂缝最大深度为 23.70cm，裂缝长度为 0.8 ~ 20.0m；中塔箱倒角位置有细小裂缝，沿倒角线自底延伸至中塔顶。此外，塔柱间横隔板沿梁中心线也出现了通长裂缝。

(3)湖北荆州长江公路大桥为 200m + 500m + 200m 的双塔双索面漂浮体系预应力混凝土斜拉桥。其北汉北塔塔座浇筑 24d 后，开始浇筑下塔柱，混凝土强度等级为 C50，分 4 层浇筑，在第一层实心段浇筑 7d 后，顺桥向上、下游塔柱均发现裂缝，裂缝位于顺桥向（长边）中部和 1/4 点附近，垂直于长边方向，且表现出开裂有序性，裂缝宽度为 0.08 ~ 0.15mm，长约 2.0m，间距 1.8 ~ 3.2m。

(4)广东某斜拉桥为主跨 300m 的双塔单索面墩、塔、梁固结预应力混凝土斜拉桥，索塔混凝土强度等级为 C50，1 号墩索塔塔体在施工到主梁顶面以上 8m 时，塔体外表面出现竖向裂缝，随着时间的推移，竖向裂缝不断增加，裂缝实测深度约几厘米，沿塔体边长均匀分布。在施工 2 号墩索塔塔体时，在塔体的钢筋骨架外侧增加一层钢丝网防裂，但塔体外表面竖向裂缝依然出现，且数量增多。

(5)宜昌夷陵长江大桥主桥是一座三塔、中心单索面、预应力混凝土箱形展翅截面斜拉桥。索塔 3 ~5 号墩为倒 Y 钻石形结构，下塔柱正面为下窄上宽的倒梯形，横断面为单箱双室。索塔施工在上塔柱即将封顶时，下塔柱陆续出现裂缝。

经过测量，3 ~ 5 号墩下塔柱裂缝分布范围较大，数量较多，3 号塔 14 条、4 号塔 13 条、5 号塔 15 条。塔柱横桥向南北两个大直立面也出现数条裂缝，4 号、5 号墩下塔柱在迎水面上下游方向出现个别裂缝。大部分裂缝或者说裂缝的总趋势是沿着主筋布置方向。裂缝一般都分布在第一个施工浇筑节段，第二施工节段出现裂缝比较少，第三施工节段只有个别裂缝出现。裂缝由第一个施工节段的底部开始向上发展。3 ~5 号墩下塔柱最长裂缝分别为 3.5m、4.1m 和 3.54m，裂缝未发展到顶面。上下施工节段的各裂缝不连通。

(6)某公路大桥按高速公路标准设计，双向四车道，设计时速 120 km。主桥为 2 ×42m + 2 ×300m + 2 ×42m 三塔双索面 PC 斜拉桥。塔柱采用双柱式索塔，桥面以上不设横隔板，塔柱边塔为等断面圆端形截面；中塔为渐变截面；下塔柱部分逐渐过渡成圆形截面。

塔柱施工中，首先进行了中塔右下塔柱第一节施工，本段塔柱结构形式为直径 8m、高 5.98m 的圆柱体，混凝土强度等级为 C55，当时气温 20℃，入模温度 23℃，模板面板为芬兰产、厚 18mm 的维萨板，背面用木工字梁，刚度和保温性能良好，在模板外侧用花塑料布保

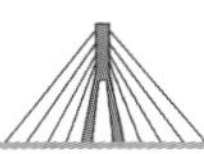

温。7d 后拆模,发现表面有 3 条宽度在 0.1 ~ 0.3mm、长度在 1 ~ 2m 的纵向裂缝出现。经测定 ,裂缝深度为 6.8cm,塔柱保护层厚度为 8cm,为非贯穿性裂缝。

从以上斜拉桥裂缝研究来看,裂缝一般发生在桥梁施工早期阶段,而该研究多属于定性分析,认为温度和收缩是引起索塔早期开裂的重要因素,目前还缺少对斜拉桥索塔水化热温升、温度应力、混凝土收缩的系统理论分析和定量研究,目前尚无相关的标准规范供施工和科研人员参考和应用。

1.2.3 温度应力研究现状

温度应力受弹性模量时变以及徐变共同影响:首先,由于混凝土弹模随时间增长,在不同龄期由相同温度应变产生的应力水平并不相同;其次,早期徐变效应较大,应进行变应力作用下的徐变分析,温度应力与应力历史(温度历史)相关。由于不同混凝土材料具有不同的弹性模量、徐变时变规律,而在不同的养护条件下,混凝土结构具有不同的温度历史,使得温度应力规律表现得十分复杂,成为控制的主要难点。根据研究技术点不同,主要研究内容如下:

(1)计算方法与参数取值研究

温度应力的计算普遍采用有限单元法,其研究始于 20 世纪 60 年代,由美国加州大学的 Wilson 教授首先完成了温度场计算程序的开发,此后在他人协助下完成应力计算程序的开发[5]。同时期,我国朱伯芳院士也对水化温度应力问题开展研究,并于 1973 年完成我国第一个计算混凝土温度徐变应力的有限元程序[6]。

19 世纪 80 年代,清华大学以及河海大学针对大体积混凝土应力计算方法先后开展了研究工作,如刘光廷采用光弹模型验证混凝土坝在不均匀岩石基础上的应力分布[7],吴胜兴根据国内所进行的大量徐变试验资料对混凝土徐变及应力松弛系数的计算方法进行研究[8],刘宁与刘光廷首次引入了温度应力的不确定分析方法[9-10]。

HAUGGAARD 等通过试验研究与理论研究,以 Arrhenius 准则建立考虑水化热效应影响的徐变模型,能够适用于早龄期力学分析,也能够适用于硬化之后的力学分析[11]。

HATTEL 等结合 Kelvin 徐变模型给出了系统的早龄期水化热效应的有限元计算方法,并且以此计算了自然散热状态下箱涵的温度和应力状态,论证早期开裂风险[12]。

BALLIM 也对早龄期的有限元计算方法进行优化,采用小试件试验的方式,对优化方法以及已有研究参数取值进行探讨,提出了对流边界参数取值影响较大,但具有一定的不确定性[13]。

KIM 等也对高强度以及普通混凝土的早期力学特性开展试验及理论研究,其研究显示普通混凝土与美国试验协会结论吻合,但对高强度的混凝土的预测可能存在偏差,最后通过修正等效龄期方程,实现对力学性能的预测[14-15]。

MATALLAH 等则研究了混凝土裂缝宽度的有限元计算方法,其主要采用了断裂能量假说,建立了单元弥撒裂缝的求解方法[16],部分商业软件,如 Ansys 和 Diana 都有类似的计算模块。

WEI 等认为早期混凝土受外部约束,现有试验以压缩徐变考虑与实际情况不符,故设置了受外部恒定约束条件的徐变试验,以此开展了不同养护温度和矿渣掺合量影响下的混凝土徐变试验研究,提出了修正的模型[17]。

KHAN 等通过制造一批薄片弧形的试件,对早期力学参数开展基础试验研究,提出了早龄期混凝土的强度折减系数以及拉伸徐变模型[18]。

LIM 等为解决实际工程中水化温升速率参数试验不经济的问题,开展了半绝热试验结合有限元软件的方法,对水化温升速率参数进行拟合,其提出的方法需要制作数个不同大小的试件,且拟合过程主要采用了试算方法[19]。

PAN 等提出将 Lattice 模型应用于早龄期力学性能的分析过程中,提出格子之间热或者力传递的转化方法,随后采用 Lattice 模型对某分层浇筑混凝土箱梁的早龄期温度与应力进行分析[20]。

XU 等将细观集料方法引入早龄期的温度效应分析过程中,该方法主要是可以考虑粗集料和水泥砂浆差异化的温度差异,并且反映材料内部自约束应力分布情况,提供了某小尺寸模型的计算示例[21]。

综上所述,经历半个多世纪的发展,有限元方法已经比较成熟,仍是温度与温度应力计算的主要工具,并且逐渐向细观方向发展。然而,由于混凝土的原材、组分、养护方法各不相同,热学参数以及力学参数取值难以采用统一参数模型予以描述,参数不确定性是影响温度及应力预测的关键因素。准确计算需依赖于专项材料试验,但存在成本偏高、试验不便等问题。

(2)水化温度应力效应与控制方法研究

水化温度应力的内部驱动因素为水化反应,外在决定因素则为结构(尺寸、形状以及约束)以及散热边界条件(气温、风环境及养护措施)。桥梁构件形式具有多样性,且采用不同的养护方法,将表现出不同的水化温度应力效应。然而,目前研究集中于超大方量的混凝土结构,对于相对轻薄构件则存在研究不足的情况,以下对温度应力效应与控制的研究现状进行简单介绍。

20 世纪 50 年代,FALKNER 对德国 Jagst 桥宽腹板箱梁在使用初期检测的裂缝进行评

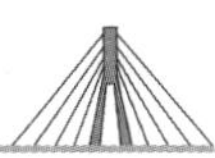

估时,就对裂缝是否由施工阶段水化温度效应产生进行了探讨,通过计算得出水化温度应力接近抗拉强度的计算结论[22]。

我国早期在西江大桥承台施工中,直接借鉴了大坝工程的控制方法对温度裂缝进行控制,通过现场温度测试及裂缝监测验证,取得了较好的控制效果[23]。

国外 ZOKAIE 等采用了三维有限元分析方法,在 Jamestown 和 Lake Street 两座桥梁的承台基础施工中,探讨了材料、环境以及管冷对温度应力的影响[24]。

GILLILAND 等针对 Confederation 桥梁工程的混凝土冰罩以及箱梁在施工完毕时检测出的裂缝成因进行研究[25]。其对水化热以及使用阶段温度梯度进行同步分析,结果显示,水化产生的高温未能及时释放,在拆除模板后受环境激励产生开裂,使用阶段梯度温差产生的应力较小,并不是此类裂缝开展的主要原因。该研究进行了一些徐变试验,得出指导大体积混凝土的 ACI 规范提供的徐变参数不能适用于桥梁较高强度等级的混凝土材料的结论。

HOSSEINI 等对某拓宽板桥后浇部分温度及应变进行测试,结合数值分析发现,由水化温度、收缩产生的最不利应力达到了活载的 2 倍之多,分析结果验证施工阶段的水化温度应力具有一定的永存特性[26]。

叶见曙等针对混凝土箱梁 0 号块与 1 号块做了现场试验以及理论研究工作,结果表明厚腹板混凝土箱梁内部温升较高,在内表温差影响下,表面有产生开裂的可能性,并建议了相关防裂养护措施[27]。

BARR 等采用试验方法对预制先张法 T 梁桥早期受温度变化影响的施工阶段预应力损失进行研究,其得出温度与力学参数时变影响会导致预应力损失,对于高预应力梁,增加预应力会导致损失增大的恶性循环[28]。

刘三元等采用 Midas Civil 对桥梁墩柱与承台结合区域斜裂缝成因进行理论分析,计算推定在水化温度影响下,结合面可能产生约 1MPa 拉应力,是开裂产生的主要原因[29]。

BERTAGNOLI 等对一批现浇混凝土墩柱的裂缝产生原因进行分析,考虑了水化温度、收缩、徐变以及墩柱尺寸等因素,计算得到最大裂缝宽度可达到 0.15 ~0.40mm[30]。

NEWHOUSE 等采用试验的方法对综合徐变、收缩、温度作用下的约束弯矩进行研究,试验对象为简支变连续的混凝土板,考虑了水化温度历史,测试结果表明后浇部分的次内力效应是显著的,并且给出了试件收缩、徐变规律的简化分析方法[31]。

张岗等对箱梁水化温度效应的理论分析方法进行研究,考虑了环境温度变化带来的边界条件变化,并且以箱梁温度测试验证计算方法,对应力分析表明,箱梁主应力的发展符合一般大体积混凝土温度应力发展规律[32]。

何波发基于材料试验得到绝热温升,然后采用墙板结构的温度效应计算方法,对安庆长江大桥混凝土塔温度进行计算,其主要关注内外约束效应,以墙体的20℃温差指标对塔柱进行检验[33]。

李欣然、陈德伟对某斜拉桥中下塔柱连接段的实体段与下横梁同时浇筑部位进行温度与应力分析,指出前期结构外表面受拉,后期结构内表面受拉,最大拉应力达到3.2MPa,可能产生开裂现象,随后建议了外部保温及内部降温的控制措施,并采取现场温度测试验证理论分析[34]。

LIN 等对某大桥承台温度控制方案进行温度试验研究,然后对冷却管、浇筑厚度、保温等措施的影响进行分析,提出了温度应力的控制方案[35]。

林鹏等对大体积混凝土温度自动控制的系统开展研究,其根据结构制定温度历程曲线,然后构造调节器的算法,实现过程的平稳受控[36]。

ZHOU 等考虑水化温度、收缩、徐变,采用有限元以及试验验证方法对地铁车站整体板式框架结构早期力学性能开展研究,其研究表明此类结构中徐变并不一定会减少受拉应力[37]。

赵亚龙等采用 ANSYS 软件对某空心塔柱进行分析,分析考虑了拆模后的骤然降温情况,结果表明在60h 时,外表面产生约2.9MPa 拉应力,可能导致外表面产生开裂[38]。

谢朝晖从总体结构设计、硬件布置以及软件开发三个方面出发,设计了针对大体积混凝土的实时温度监测系统[39];郑东则基于 GPU 自编程开发了温度与应力的计算程序,并将应力变化率作为指标用于实时控制[40]。

BOBKO 等对三座连续梁桥的基础开展水化温度测试,采用 Diana 软件进行温度与应力计算,以裂缝指数 CI 对开裂可能性进行分析,结果表明,小尺寸基础可能产生表面裂缝,大尺寸基础在采取 NCDOT(North Carolina Department of Transportation)建议的控制措施依然可能产生,有限元方法具有较好的计算精度[41]。

杨爱民采用 Midas FEA 软件结合现场温度测试,对预应力混凝土箱梁0号块的温度以及应力效应进行分析,分析表明局部与表面裂缝风险较高,其对应力控制的管冷与保温方法也进行了研究[42]。

熊文等针对桥塔各壁面风场不同的情况,提出以 Fluent 软件模拟各壁面的风场进行参数取值的方法,并对风速、结构尺寸与结构形状对望东长江大桥桥塔的温度以及应力的影响[43]。

杨秀娟对某悬索桥塔柱底层实心节段的水化温度效应进行分析,在缺少控制的情况下,表面拉应力水平较高,最后采用了冷却水管方案对温度效应进行控制[44]。

刘晋艳等对某斜拉桥桥塔底层节段的水化温度效应进行研究，其温度分析采用了三维有限元方法，但应力分析则直接采用了部分时刻的温差，并未计入早期徐变效应[45]。

PAN 等基于温度与应变试验方法，结合 Lattice 模型对箱梁节段进行 14d 的温度效应分析，结果显示，在水化热、对流、太阳辐射的复合影响下，箱梁顶面可能产生较高的横向受拉应力[46]。该研究仿真了温度与应变的发展历程，隶属于精细化的分析方法，由于研究本身集中于 Lattice 模型，并未对计算取用的参数本身进行探讨。

综上所述，从水化温度效应分析以及控制的研究现状可以看出：

(1)水化温度效应分析与控制主要集中于超大方量的混凝土结构，如承台、桥墩、箱梁 0 号块中，这是由于此类结构水化温度高、热量难以释放，很容易引发贯穿裂缝或者表面裂缝问题。部分研究揭示了相对轻薄结构有可能产生过大预应力损失、贯穿裂缝等问题，但关注程度存在不足，研究数量较少，针对此类结构的裂缝控制方法仍然缺乏研究。

(2)大量研究探讨管冷、保温等工艺措施的有效性，采用有限元分析方法计算了不同措施的温度以及应力分布情况。然而，在计算过程中，对弹性模量、徐变、热学参数、热学边界等参数进行的取值均沿用了水工结构的研究成果，由于材料差异较大，温度与应力的计算结果可能并不精确，可能导致裂缝控制的失败。考虑到材料试验方法成本较高，需要建立不完全依赖于材料试验的参数取值方法。

(3)部分研究通过测试温度响应数据以及应变响应数据，建立了具有足够精度的计算方法。然而，这些研究并未明确计算中各项参数的取值依据，在同类研究中，若更换了材料或养护环境，仍然很难实现精确计算。基于响应数据确定计算参数，可以解决参数不确定的问题，但其实现的技术手段有待研究。

(4)温度应力的实时监测与控制可以降低理论计算精度不足、环境突变、工艺失效等各类风险，是主流的控制方法，目前在大坝等水工结构中运用广泛。由于桥塔与水工结构的材料、结构以及工艺差异显著，控制目标、控制指标可能存在较大区别，应当建立一套针对桥梁塔柱的温度应力即时控制体系。

1.3 工程实例总述

以芜湖长江公路二桥桥塔为例，开展了温度应力控制的研究与实践工作，建立了通用的控制理论、工艺与过程中的监控方法。以下介绍桥梁总体以及塔柱构件的基本情况。

1.3.1 桥梁概况

芜湖长江公路二桥及接线是安徽省高速公路网规划“四纵八横”中“纵二”(徐州—蚌埠—合肥—芜湖—黄山)的一段,是连接安徽省长江两岸的又一条快速通道。

芜湖长江公路二桥处在芜湖长江大桥和铜陵公铁两用大桥之间,上游距离铜陵公铁两用大桥约33km,下游距离芜湖长江大桥约24km。项目起于无为县石涧镇,接安徽省高速公路规划中的北沿江高速公路,终于繁昌县峨山镇,接已经建成的沪渝高速公路,路线全长55.012km,其中跨江主体工程起讫桩号K20+782~K34+764,全长13.982km,北岸接线长20.782km,南岸接线长20.248km。跨江主桥为五跨斜拉桥(100m+308m+806m+308m+100m)(图1-2),主桥长1622m。总体布置如图1-2所示。

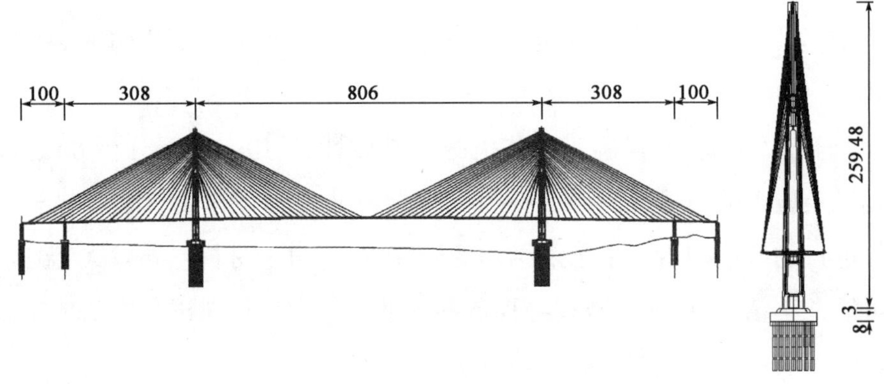

图1-2 芜湖长江公路二桥总体布置图(尺寸单位:m)

同时,芜湖长江公路二桥是《安徽省长江过江通道布局规划研究》(2004年编)、《安徽省长江干流桥梁(隧道)布局规划(2011—2030年)》中的一座桥梁,并被纳入国家长江干流桥梁(隧道)建设规划,项目的建设强化了芜湖交通枢纽的过江通行能力。本项目的建设,对于进一步完善安徽省高速公路网布局和过江桥梁布局具有重要意义。

芜湖长江公路二桥采用分肢柱式塔分离钢箱梁四索面斜拉桥,全漂浮体系。主桥核心创新为同向回转鞍座,通过将索束拉力巧妙转化为压力作用在塔柱上,显著提高了桥梁结构性能。

主塔塔高总计262m(含塔座),中下塔柱为左右分肢形式,两分肢在距离塔顶108m处合龙形成八边形中空柱式结构,用于锚固拉索。分肢柱式塔设计使得结构外形简洁挺拔,增加了结构的景观效果,桥塔分叉处有轨电车行驶,空分利用空间。

主梁充分考虑抗风性能及设计通行能力需求,采用分体扁平钢箱梁的构造形式,桥面总宽53m,为双向八车道,两钢箱梁分别从柱式塔左右侧穿过,钢箱之间设置间隔的横梁

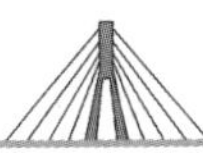

进行连接,横梁上设置轨道,用于两岸轻型轨道交通。桥梁三维效果图如图1-3所示。

图1-3 桥梁三维效果图

1.3.2 塔柱概况

芜湖长江公路二桥桥塔采用外形挺拔的分肢柱式桥塔(图1-4),外轮廓尺寸由下向上逐渐变小,四角设置渐变倒角,由于传递结构承担静动力荷载,具有尺寸大、配筋多的设计特点,根据结构造型及功能不同,可以将桥塔分为中下塔柱分肢段(151.48m)及上塔柱方柱式(108m)两段。塔柱采用C50混凝土,配合比为水泥:细集料:粗集料:水:外加剂:粉煤灰:矿粉=336:714:1072:154:5.76:96:48,水泥用量多,绝热温升相对较高。

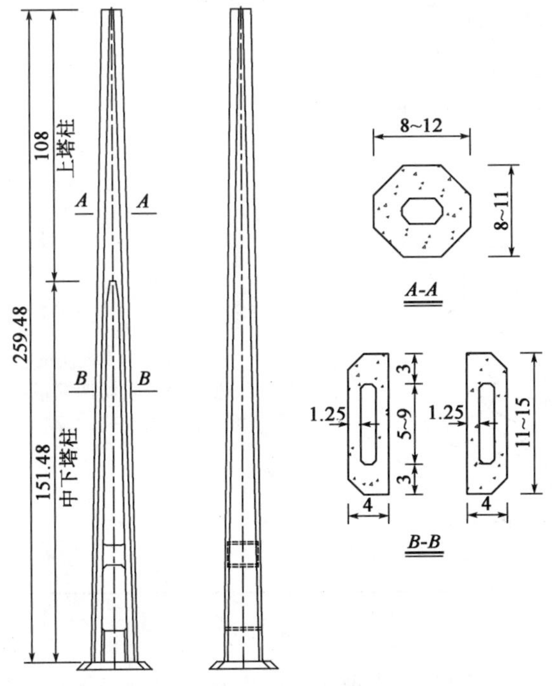

图1-4 桥塔构造及尺寸图(尺寸单位:m)

(1)中下塔柱分肢段

中下塔柱分肢段主体构造为分肢塔肢,在承台上方区域设置箱型横联与盖板,在桥面高度位置设置横梁,典型构造见表 1-1。

中下塔柱构造说明 表 1-1

编 号	示 意 图	说 明
1	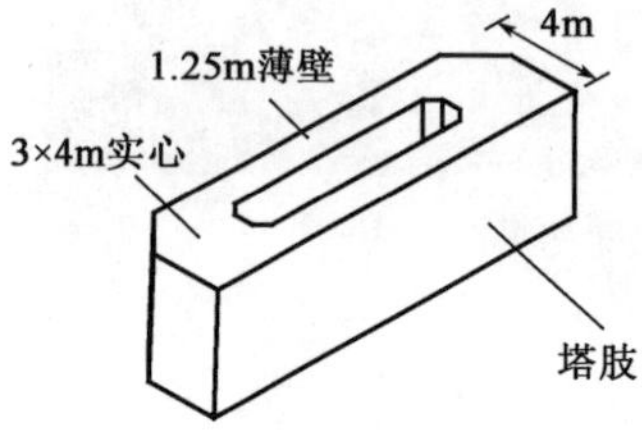 塔肢示意图	塔肢是中下塔柱的主体构造,是桥塔的主要受力构件,塔肢呈扁平状,由两侧实心及中间薄壁组成,实心与薄壁的尺寸均超出 1m,为典型大体积混凝土构件,在施工中面临体系及表面开裂问题
2	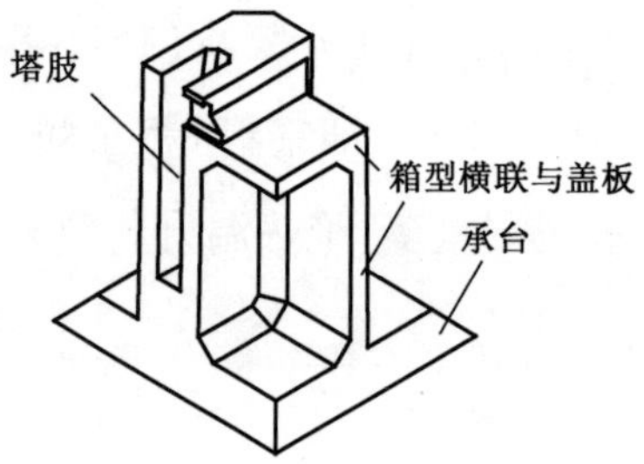 1/4箱型横联与盖板示意图	为提高桥塔抗撞性能,塔座上方采用箱型横联与盖板结构将两个塔肢连接起来,横联壁厚为 1 ~ 1.1m,属于大体积混凝土构件,截面刚度较小,水化应力效应显著
3	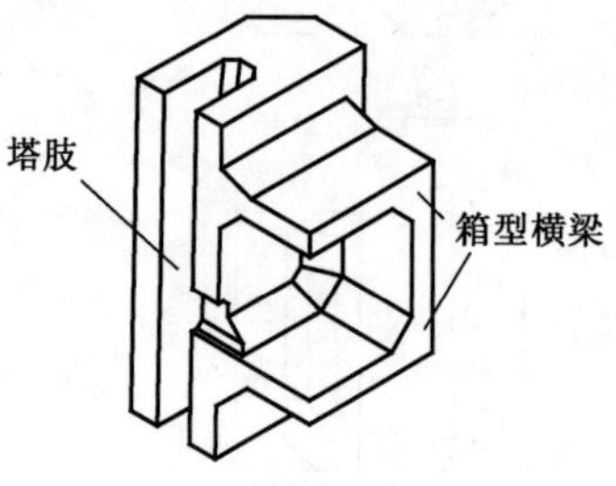 1/4横梁示意图	为提高塔柱的横向刚度以及稳定性,在桥面位置高度,采用薄壁箱型横梁将两侧塔肢固结连接,横梁壁厚为 1m,属于大体积混凝土构件,截面刚度较小,水化应力效应显著

(2)上塔柱方柱段

由于拉索锚固对桥塔构造条件要求不同,上塔柱的构造由合拢段、空腔段、锚固平台段、锚固齿块段及同向回转鞍座段五种构造类型组成,典型构造见表 1-2。

上塔柱构造说明 表1-2

编 号	示 意 图	说 明
1	塔肢延伸段 薄壁 3m高实心区 1/4合拢段示意图	合拢段由分肢塔肢向上延伸一段，由3m厚大实体将两侧连接起来形成构造，做到刚度的渐变，合拢段尺寸大，为显著的大体积混凝土构件
2	薄壁 大实体 1/4空腔段示意图	合拢段之上为空腔段，该段相当于将下方空心塔肢填实，然后利用薄壁横联进行连接，实体内的温度以及截面较小的横联水化应力效应显著
3	薄壁 大实体 锚固平台实体 1/4锚固平台段示意图	最下方拉索采用锚固平台的方式进行锚固，在空腔段内设置实体的锚固平台，使得混凝土方量继续增大，温度控制难度持续增加
4	壁厚渐变区 锚固齿块实体 1/4锚固齿块段示意图	下方部分拉索锚固在齿块上，该齿块平台由空腔段大实体进行挖空并且内壁外凸组成，且薄壁开始渐变增厚，该位置结构构造复杂，受力复杂，温度与应力效应控制难度较大
5	1.5~2.5m 大实体 1/4同向回转鞍座段示意图	内置同向回转鞍座的中空实体段，近似方形，内部挖小尺寸空洞，壁厚在1.5~2.5m，为典型大体积混凝土构件

塔柱采用高强度等级混凝土,水泥用量多、水化温升高,分节构造样式多、尺寸厚,具有较高的开裂风险,且面临高空对流效应强、寒暑等复杂气候条件,控制难度大。由于现状技术主要关注超大体量的承台、塔座等结构,对于桥塔施工期间的裂缝控制方面的指导不足。

通过结合现场实施,开展大量的理论研究与试验研究工作,提出集成控制理论、施工工艺及管控手段的系列技术,避免了裂缝的产生,提升了塔柱的建造品质。控制技术的主要内容包括:

(1)针对复杂的材料特性、结构特点、环境条件、工艺特征,提出了自适应的温度控制理论,建立控制—反馈—修正—控制的回路,实现温度控制精度的自适应提升。

(2)首次提出了水化温度残余应力控制的理念,并提出相应的效应等效方法与结构总体的验算方法。

(3)建立了优化材料配合比、布置管冷、断缝、滴灌养护、暖棚、蓄水等用于温度应力控制的工艺,提出最优组合方法。

(4)创新了温控信息的实时采集、预警及共享技术,开发了相应的系统平台,为温控实施提供了高效、智能的管理方法。

通过实践建立的温度应力控制技术兼容现有温控技术,不仅能够应用于桥梁塔柱,对于典型的大体积混凝土结构以及其他需要开展温度应力控制的结构也有较好的适应性,能够起到提高控制精度的作用。

第 2 章　温度、应力与裂缝分析理论

混凝土结构温度场产生的原因有水化作用和外在环境激励两类,采用现有的计算分析理论,可获得结构的温度变化时程结果,将温度转换为应变施加在结构上,可以实现温度应力的求解。本章对温度、应力以及裂缝的相关理论、计算公式、参数选取方法进行介绍,对影响计算结果精度的因素进行剖析,为后续的技术创新提供基础。

2.1　温度计算方法

温度场可以分为稳态温度场和瞬态温度场两类,工程领域基本上面临的基本上都是瞬态温度场问题[47],本节主要介绍基本计算理论以及参数取值范围。

2.1.1　基本理论

瞬态温度场中任意一点在某时刻的温度可采用式(2-1)进行描述。

$$T = f(x, y, z, t) \tag{2-1}$$

式中,T 为温度;x, y, z 为空间坐标;t 为时间。

以傅立叶定律建立热传导方程求解瞬态温度场,见式(2-2)。

$$\frac{\partial T}{\partial t} = \frac{k}{\rho c}\left(\nabla^2 T + \frac{\mathrm{d}Q}{k\mathrm{d}t}\right) \tag{2-2}$$

式中,k 为导热系数;ρ 为密度;c 为比热容;Q 为内热源函数。

内热源函数选取有指数式、双指数式以及双曲线式等,各方程式适用于不同放热规律的混凝土材料。实践经验表明,指数式对于 C40 及以上等级混凝土具有较好的适应性,其描述为:

$$Q = c\rho T_{\mathrm{abs}}(1 - \mathrm{e}^{-\gamma t}) \tag{2-3}$$

式中,T_{abs}为绝热温升;γ 为温升系数。

微分方程求解需要确定三类边界条件。第一类边界条件为物体表面温度,已知,见式(2-4);第二类边界条件为混凝土表面热流量,已知,见式(2-5);第三类边界条件为物体表面对流换热效应,已知,见式(2-6)。此外求解还需要初始温度信息。

$$T|_{\Gamma} = g(x,y,z,t) \tag{2-4}$$

$$-k\frac{\partial T}{\partial \vec{n}}\bigg|_{\Gamma} = q_2 \tag{2-5}$$

$$-k\frac{\partial T}{\partial \vec{n}}\bigg|_{\Gamma} = h(T - T_f) \tag{2-6}$$

式中，Γ 为外边界；q_2为表面热流密度（出为正）；h 为对流换热系数；T_f为流体温度，$\vec{n}$ 为边界法向方向。

在综合考虑第二类与第三类边界条件的情况下，可以将第二类边界并行变化并入第三类边界条件中，见式(2-7)。

$$-k\frac{\partial T}{\partial \vec{n}}\bigg|_{\Gamma} = h(T - T_f) + q_2 = h\left[T - \left(T_f - \frac{q_2}{h}\right)\right] \tag{2-7}$$

对于工程结构来说，第二类边界条件的热流密度主要包含太阳辐射、物体之间的辐射等，见式(2-8)～式(2-10)。

$$-q_2 = q_s + q_e \tag{2-8}$$

$$q_s = \alpha_R R \tag{2-9}$$

$$q_e = \varepsilon\sigma F(T_o^4 - T^4) \tag{2-10}$$

式中，q_s为吸收的太阳辐射量；q_e为物体之间的辐射；α_R为辐射吸收率；R 为辐射强度；ε 为辐射发射率；σ 为黑体辐射常数，取 $5.67 \times 10^{-8}\mathrm{W/(m^2 \cdot K^4)}$；$F$ 为形状系数；T_o为被辐射物体温度，此式温度单位为 K。

在复杂结构中，式(2-2)偏微分方程求解难度较大，多采用有限差分法或有限单元法进行求解，对于实际工程具有较好的仿真精度。

2.1.2 参数选取

根据热传导计算理论，温度场的求解需提供必要的热学参数，分为材料参数以及边界参数两类。其中，材料参数包括：密度 ρ，导热系数 k，比热容 c，生热量 Q，辐射吸收率 α_R，辐射发射率 ε。边界参数包括：初始温度 T_0，辐射量 R，流体温度 T_f，被辐射固体温度 T，对流换热系数 h。

以上参数中，除密度 ρ、初始温度 T_0、流体温度 T_f 及被辐射固体温度 T 可以通过简易测试获取外，其他材料或边界参数都需要采用复杂的测试方法或测试设备完成。表 2-1 列出了热学参数取值范围或方法[6,47,50]。

表 2-1 中，对流换热系数 h、水化热量 Q、辐射量 R 的变化幅度较大，并无固定的表达

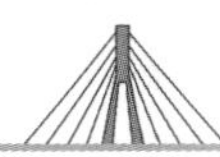

式予以描述，导热系数 k、比热容 c、辐射吸收率 α_R 也有不小的变化区间，在缺少专项试验的情况下，温度效应的计算、预测极有可能出现较大偏差。

已有研究提供的热学参数或取值范围 表 2-1

参 数	符 号	单 位	取值范围/取值	影 响 因 素
导热系数	k	W/(m^2·K)	1.5～3.7	原材、组分、含水率
比热容	c	kJ/(kg·K)	0.84～1.09	原材、组分
混凝土辐射吸收/发射率	α_R/ε	—	0.5～0.7	混凝土表面颜色、粗糙度
对流换热系数	h	W/(m^2·K)	$h(v)$	与风速 v 以及环境温度 T 相关
水化热量函数	Q	J/kg	$Q(t,\gamma,T_{abs})$	与水泥材料、组分、养护温度相关
辐射量	R	W/m^2	$R(t)$	与气候条件、地理环境相关

2.2 应力计算方法

温度场可以分为稳态温度场和瞬态温度场两类，工程领域面临的基本上都是瞬态温度场问题，本节主要介绍基本计算理论以及参数取值范围。

2.2.1 基本理论

温度产生初始应变，在受到约束的情况下，产生应力效应，初始应变按式(2-11)计算[48]。

$$\varepsilon_0 = \alpha\Delta T \tag{2-11}$$

式中，ε_0为初应变；α 为线膨胀系数；ΔT 为温度变量。

不同结构在施工与使用阶段的热源以及散热条件不同，因此结构响应计算采用的假定条件也有较大差别。

对于复杂的温差效应，多考虑为空间或平面问题，以空间问题为例，温度应力按式(2-12)～式(2-15)计算。

$$\boldsymbol{\varepsilon} = \boldsymbol{B}\boldsymbol{\delta}^{e} \tag{2-12}$$

$$\boldsymbol{\sigma} = \boldsymbol{D}(\boldsymbol{\varepsilon} - \boldsymbol{\varepsilon}_0) \tag{2-13}$$

$$\boldsymbol{P}^{e} = \iiint \boldsymbol{B}^{T}\boldsymbol{D}\boldsymbol{\varepsilon}_0 \mathrm{d}x\mathrm{d}y\mathrm{d}z \tag{2-14}$$

$$\boldsymbol{K}\boldsymbol{\delta} = \boldsymbol{P} \tag{2-15}$$

式中，$\boldsymbol{\varepsilon}$ 为单元应变；$\boldsymbol{\sigma}$ 为单元应力；$\boldsymbol{D}$ 为弹性矩阵；$\boldsymbol{B}$ 为应变矩阵；$\boldsymbol{P}^{e}$ 为初应变产生的节点荷载；$\boldsymbol{K}$ 为整体刚度矩阵。

以上计算采用了弹性模量为固定，且并未计入徐变影响，适用于使用阶段温度效应分析。然而,施工阶段弹性模量具有时变特性,且早龄期徐变效应较大,温度效应计算需计入材料特性影响,如式(2-16)、式(2-17)所示[49]。

$$\varepsilon(t) = \frac{\sigma_0}{E(\tau_0)} + \sigma_0 C(t,\tau_0) + \int_{\tau_0}^{t} J(t,\tau)\frac{\mathrm{d}\sigma}{\mathrm{d}\tau}\mathrm{d}\tau \tag{2-16}$$

$$J(t,\tau) = \frac{1}{E(\tau)} + C(t,\tau) \tag{2-17}$$

式中,$C(t,\tau)$为τ加载至t的徐变度;$J(t,\tau)$为τ加载至t徐变函数;$E(\tau)$为τ时刻的弹性模量。

早龄期材料的弹性模量、强度、徐变度随龄期发展,参见欧洲混凝土协会与国际预应力混凝土协会(CEB-FIP)规范,发展速率可用式(2-18)、式(2-19)描述,且由于高温加速了材料的成熟进程,应考虑对龄期进行修正,修正方法可用式(2-20)描述。

$$\beta_{\mathrm{E}}(t) = [\beta_{\mathrm{cc}}(t)]^{0.5} \tag{2-18}$$

$$\beta_{\mathrm{cc}}(t) = \exp\left\{0.25\left[1 - \left(\frac{28}{t}\right)^{\frac{1}{2}}\right]\right\} \tag{2-19}$$

$$t_T = \sum_{i=1}^{n}\Delta t_i \exp\left[13.65 - \frac{4000}{273 + T(\Delta t_i)/T_0}\right] \tag{2-20}$$

式中,t_T为考虑实际温度修正的龄期;Δt_i为实际时间增量;$T_0 = 1℃$;$\beta_{\mathrm{cc}}(t)$为强度发展速率函数,$\beta_{\mathrm{E}}(t)$为弹性模量发展速率函数。

2.2.2 参数选取

根据温度应力计算理论,应力场的求解与线膨胀系数α、弹性模量E、泊松比μ以及徐变度C等力学参数有关,线膨胀系数α以及泊松比μ取值基本固定,弹性模量E以及徐变度C存在不确定性问题。

其中,弹性模量E的特性以及取值较为成熟,式(2-21)~式(2-23)分别为美国混凝土协会(ACI)规范、CEB-FIP规范以及中国规范提供的计算方法[51-53]。

$$E_{\mathrm{c}} = 4733\sqrt{f'_{\mathrm{c}}} \tag{2-21}$$

$$E_{\mathrm{c}} = 0.85E_{\mathrm{co}}\left(\frac{f_{\mathrm{cm}}}{f_{\mathrm{cm0}}}\right)^{\frac{1}{3}} \tag{2-22}$$

$$E_{\mathrm{c}} = \frac{10^5}{2.2 + \frac{34.74}{f_{\mathrm{cu,k}}}} \tag{2-23}$$

式中,$f_{\mathrm{cu,k}}$为立方体标准抗压强度;f'_{c}、f_{cm}为圆柱体标准抗压强度,C50及以下约为$f_{\mathrm{cu,k}}$的0.79倍,C60约为$f_{\mathrm{cu,k}}$的0.83倍;$f_{\mathrm{cm0}} = 10\mathrm{MPa}$;$E_{\mathrm{co}} = 2.15\times10^4\mathrm{MPa}$。

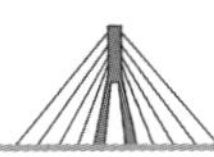

早龄期混凝土温度效应分析面临徐变度 C 的取值问题。由于徐变与原材、组分、养护、应力水平、加载龄期、结构尺寸等条件密切关联，试验数据普遍比较离散，缺少统一的表达式。图 2-1 对比了 CEB-FIP 模型（也为中国规范采用模型）[51,53]、B3 模型[54]、朱伯芳根据水工混凝土提出的拟合模型[6]以及浙江工业大学（简称浙工大）与北京交通大学（简称北交大）[55-56]部分模型的徐变柔量差异，早期各徐变模型的离散程度较高，加载龄期为 1d 时最终徐变柔量在（76.9 ~ 160.8）$\times 10^{-6}$ MPa^{-1}之间变化，最小值与最大值相差约为 2 倍，随着龄期的增大，差异逐渐减小。

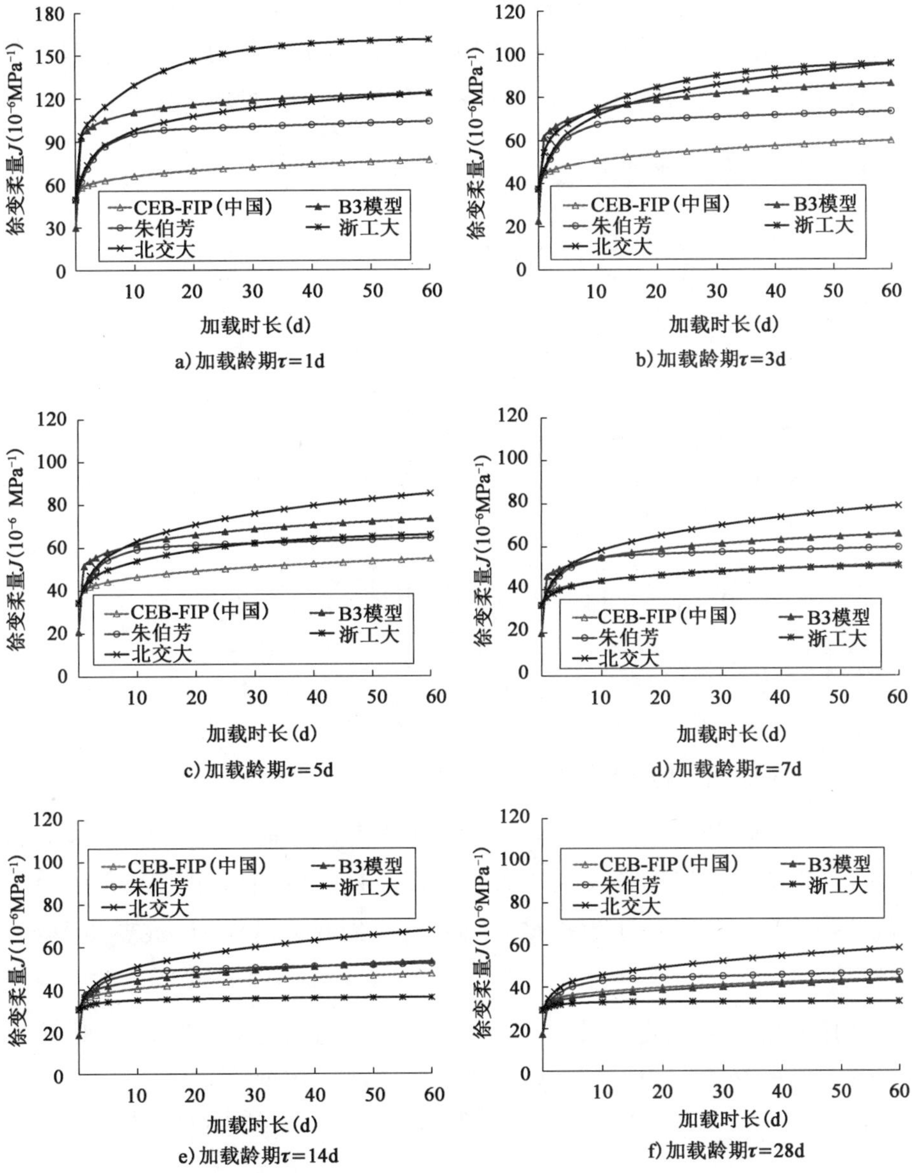

a）加载龄期τ=1d

b）加载龄期τ=3d

c）加载龄期τ=5d

d）加载龄期τ=7d

e）加载龄期τ=14d

f）加载龄期τ=28d

图 2-1　徐变柔量 J 对比

徐变规律也有不相同的情况,如浙江工业大学[55]提出的 ZC 模型早期徐变柔量高于其他模型,随着龄期增长,徐变柔量下降速度较快,后期的徐变柔量反而低于其他模型。

以上分析可以得出,对于早龄期混凝土,徐变柔量相比弹性模量具有更高的不确定性,不同材料的徐变规律甚至可能完全不同,严重影响了应力的精确计算。

2.3 温度裂缝及机理

混凝土浇筑与养护期间,受外力影响较小,由温度效应产生的应力占比较大,当总拉应力超过混凝土抗拉强度后,结构产生开裂现象。根据温度应力的产生机理不同,裂缝具有不同的表现形式。本节介绍开裂风险及缝宽的评估方法,对不同裂缝的成因进行浅析。

2.3.1 开裂风险及缝宽评估方法

目前可采用基于裂缝指数 CI(Crack Index)的方法来评估开裂的风险,CI 定义为[41,57]:

$$CI(t) = \frac{\sigma_1(t)}{f_t(t)} \tag{2-24}$$

式中,CI 为裂缝指数;f_t 为标准抗拉强度;σ_1 为第 1 主应力。

日本建筑学会(JCI)假定开裂概率符合 Weibull 分布,提供裂缝开裂的概率表达式如下:

$$P(CI) = \left\{1 - \exp\left[-\left(\frac{1.087}{CI}\right)^{-4.29}\right]\right\} \times 100\% \tag{2-25}$$

式中,$P(CI)$为开裂可能性。

将裂缝指数与开裂概率绘制于图 2-2,若有 95% 的保证率不产生开裂,则需满足 $P(CI) \leqslant 5\%$,此时对应的 CI 最大值为 0.54,抗裂安全系数为 1.85。《大体积混凝土施工规范》(GB 50496—2009)[2]以及《水运工程大体积混凝土温度裂缝控制技术规程》(JTS 202-1—2010)[3]规范提供的抗裂安全系数分别为 1.15、1.4,但其校验强度不同,将强度转换为标准抗拉强度后,对应的 CI 为 0.62、0.58,对应的开裂概率为 8.6% 以及 6.5%,控制概率较为接近。

应用于使用阶段裂缝宽度计算方面,MATALLAH 等基于断裂力学提供了一种方法,考虑开裂破坏对应力的影响,建立了裂缝宽度的计算方法[16]。首先根据应变率,确定总应力与有效应力关系:

$$\sigma = (1 - D)\tilde{\sigma} \tag{2-26}$$

$$D = 1 - \frac{\varepsilon_{d0}}{\varepsilon}\exp[B_t(\varepsilon_{d0} - \varepsilon)] \tag{2-27}$$

式中，σ 为总应力；$\tilde{\sigma}$ 为有效应力，由弹性分析获得；D 为破坏变量；ε_{d0} 为极限拉伸应变；ε 为有效应变；B_t 为由材料以及单元尺寸决定的常数。

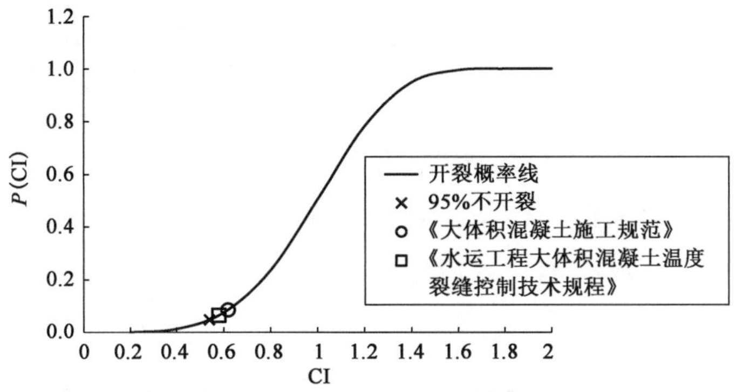

图 2-2　裂缝指数与开裂概率

式中引入断裂能量守恒解决材料以及单元尺寸差异影响，表达式如下：

$$\frac{G_f}{l_c} = \frac{f_t}{B_t} + \frac{f_t\varepsilon_{d0}}{2} \tag{2-28}$$

式中，G_f 为断裂能量；f_t 为抗拉强度；l_c 为单元等效尺寸。

基于如上假定进行计算后，得到裂缝宽度的计算方法：

$$\delta_n = l_{co}\varepsilon_{co} \tag{2-29}$$

$$\varepsilon_{co} = C^{-1}D\tilde{\sigma} \tag{2-30}$$

式中，δ_n 为单元裂缝宽度；ε_{co}为开裂部分的应变；l_{co}为开裂方向长度；C 为弹性刚度常量。

2.3.2　温度效应的影响分析

对温度效应的规律以及影响因素进行分析，重点考察温度荷载的作用规律、约束条件的影响以及结构尺寸影响问题。

1）受约束条件影响的温度效应特征

为阐明典型约束应力及区划特征，以两端固结三维梁体为例进行分析，选择 1m×1m 矩形断面，梁长 L 选取为 10m，加载 5～10℃的不均匀梯度温度荷载，截面尺寸及梯度温度荷载如图 2-3 所示，梁体共有三种典型受力情况。

第一种情况，完全受外约束影响，如跨中断面法向应力。假定其受完全外约束影响，无自约束效应，则应力可按照下式进行估算：

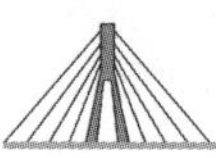

$$\sigma_z = -E\alpha T \tag{2-31}$$

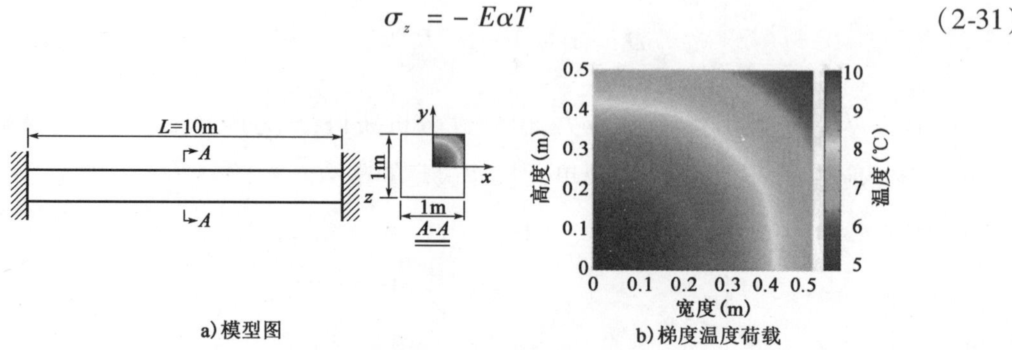

a)模型图 b)梯度温度荷载

图2-3 双端固结梁简化梯度温度作用

采用有限元方法进行验证,取 $E = 3.45\times10^4$ MPa,计算跨中断面理论解与有限元解的对比见图2-4。除边角区域有泊松效应影响,存在最大6%误差外,其余位置相差均小于1%。

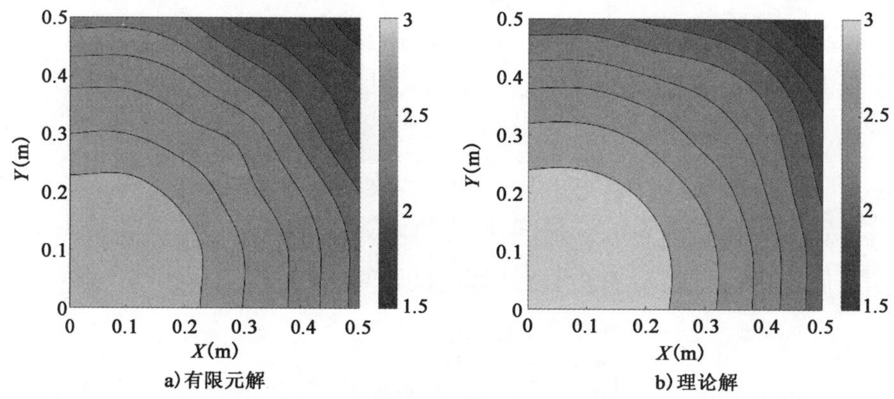

a)有限元解 b)理论解

图2-4 有限元解与理论解对比(单位:MPa)

第二种情况,完全受自约束影响,如跨中断面的表面横向受力。在完全自约束情况下,按照对称性原理,表面受近似铰接约束,表面最不利应力可按下式进行估算:

$$\sigma_x = -E\alpha\Delta T \tag{2-32}$$

顶面中心点受力最不利,其与中心温差为 -2.8℃,理论解为0.83MPa,有限元解为0.80MPa,两者相差较小,验证了表面受完全自约束影响,此时表面应力仅与内表温差相关,见图2-5。

第三种情况,外约束与自约束共同影响,如简化模型固结边界及附近区域,空间应力效应显著,图2-6示出固结区域的局部应力以及不均匀应力的影响深度,可见内部与表面的影响深度存在差异,各方向的不均匀应力影响深度也存在差异,应力分布也具有较高的复杂性。这表明,各节点应力不仅与节点加载的温度效应有关,与各节点之间的温差效应也有关联。

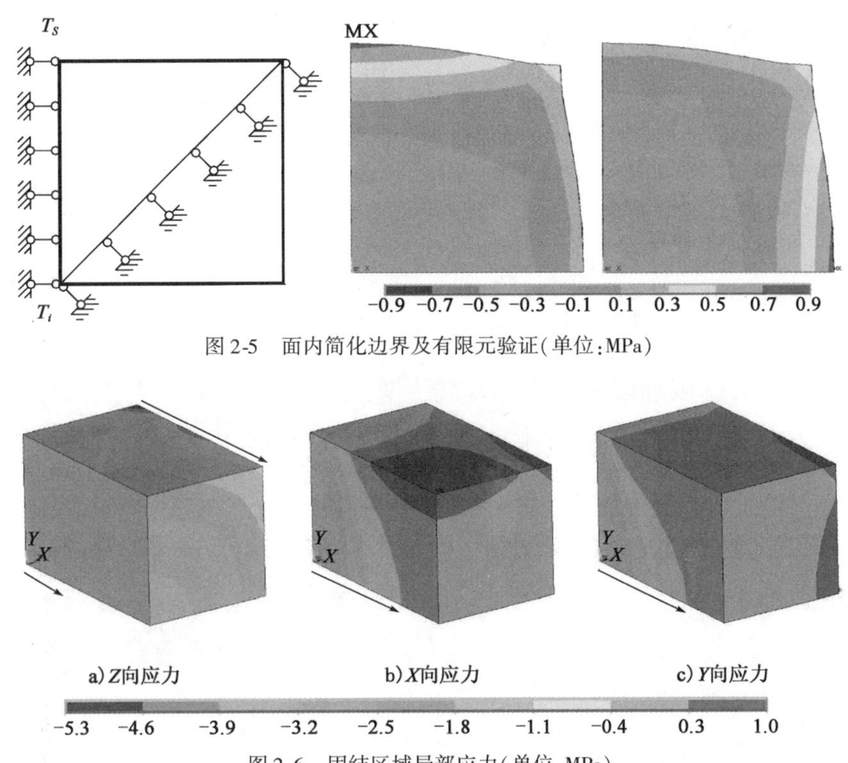

图 2-5 面内简化边界及有限元验证(单位:MPa)

图 2-6 固结区域局部应力(单位:MPa)

2)受材料时变特性影响的温度效应特征

以上为固定温度工况分析,大体积混凝土早期温度、弹性模量以及徐变处于变化之中,温度应力与温度历史相关,应计入时程效应。以 CEB-FIP 规范[51]提供的徐变模型以及图 2-3 固结空间梁进行示例分析,分析选用 $T_{abs}=60℃$,温升系数 γ 取 0.9,表面对流系数为 5W/m^2,其他参数按 C50 混凝土取用,共计算 3 种工况:工况一,采用固定弹性模量,无徐变;工况二,弹性模量时变,无徐变;工况三,弹性模量时变,考虑早期徐变。绘制内部纵向应力与表面横向应力随时间发展曲线,如图 2-7 所示。

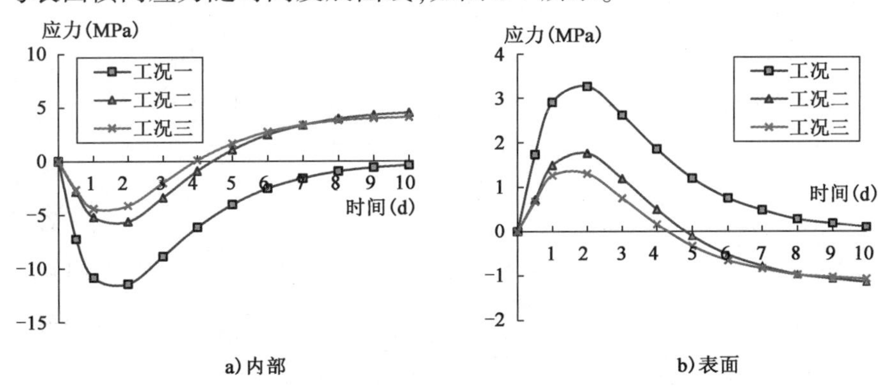

图 2-7 典型工况应力对比(拉为正)

工况一,弹性模量保持不变的情况下,升温阶段,内部产生压应力,表面产生拉应力,随着温度降至初始温度,应力也逐渐恢复至0的应力状态。

工况二,弹性模量时变的情况下,升温阶段龄期尚早,产生的应力相对较小,降温阶段弹性模量增大,产生的负应力超出早期储备的应力,在第4~5日出现消压或消拉的情况,随后拉应力或压应力逐渐增长。

工况三,计入徐变的情况下,部分约束应变被释放,早期产生的应力以及晚期的应力都低于工况二。

以上趋势符合大体积混凝土的应力发展一般规律,但其中存在两点值得注意的规律:

(1)弹性模量时变因素对应力影响最为显著,能够显著提高外约束拉应力,但可以降低自约束拉应力。

(2)徐变会造成储备的压应力减小,从而增大后期受拉效应,该不利效应与拉应力松弛的有利效应叠加后,永存拉应力并不一定能够显著改善。

从如上分析可以得出,水化温度应力具有时程特征,参数的偏差可能产生累积效应,从而影响温度应力的预测精度。

3)受结构尺寸影响的温度效应特征

水化温度分布受结构尺寸、水化热量、散热条件共同影响,桥梁下部结构往往采取较大尺寸,但混凝土强度等级偏低,水化热量低,上部结构尺寸较小,但混凝土强度等级较高,水化热量也相对较高。

对芜湖长江公路二桥、贵州平塘特大桥、海南铺前大桥、深圳市城市轨道交通项目等进行调研,汇总桥梁上部与下部结构混凝土强度等级、水泥种类、水泥用量以及绝热温升,见表2-2。

材料特性及绝热温升对照表 表2-2

结　构	混凝土强度等级	水 泥 种 类	水泥用量(kg/m^3)	绝热温升(℃)
承台	C35	P.O	200	41.2
	C35	P.Ⅱ	140	42.2
	C40	P.O	304	45.7
塔座	C40	P.O	252	46.2
	C40	P.Ⅱ	180	44.7
桥塔	C50	P.Ⅱ	380	62.5
	C50	P.Ⅱ	336	58.3
	C50	P.Ⅱ	430	70.2
箱梁	C55	P.Ⅱ	336	58.1
	C60	P.Ⅱ	462	77.4

对于承台和塔座常规大体积混凝土，关注热量控制，配比中采用大量掺和料，且主要采用水化热量较低的P.O型水泥，绝热温升分布较为稳定，位于41.2～46.2℃之间。

桥塔构件普遍采用C50等级混凝土，绝热温升分布离散程度较高，位于58.3～70.2℃之间，其更多的为早期强度控制时，采用不同水泥用量导致的。

箱梁混凝土等级略高于较桥塔，部分工程采用桥塔相似的混凝土配合比，绝热温升也能够控制在58.1℃。然而，商品混凝土的应用逐渐增多，以强度为控制目标时，会带来水泥用量和绝热温升的显著增加，如在C60混凝土中，绝热温升高达77.4℃。

为初步探讨温度与壁厚、绝热温升之间的关系，假定简单散热条件进行分析。分析模型壁厚δ取值范围为0.2～1.0m，对流系数h取5W/m^2，双面散热。绝热温升T_{abs}取值范围为40～80℃，温升系数γ取0.9，见图2-8。

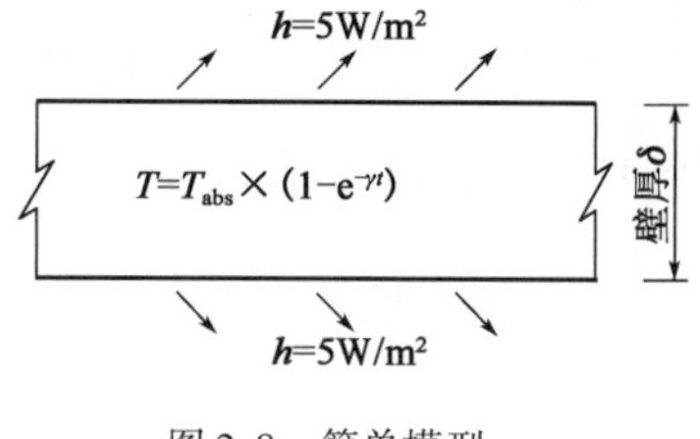

图2-8　简单模型

提取内部最高温升(最高温－入模温度)进行分析，见图2-9。随构件厚度增加，绝热温升对内部最高温升影响也就越大。绝热温升分别为40、80℃，即相差达到40℃时，0.2m厚构件最高温升相差10℃，1m厚构件最高温升则相差25.6℃。

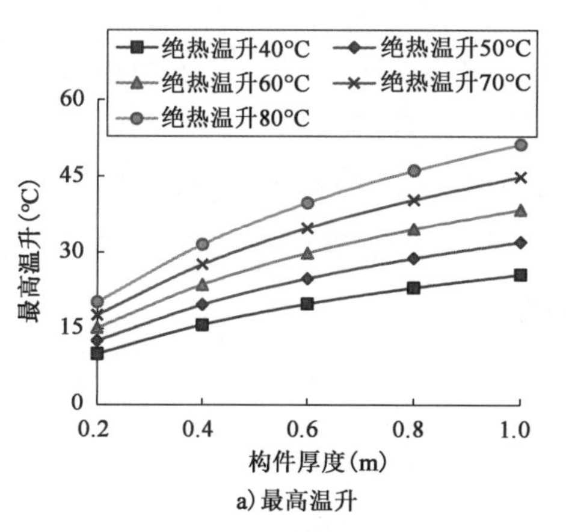

a)最高温升

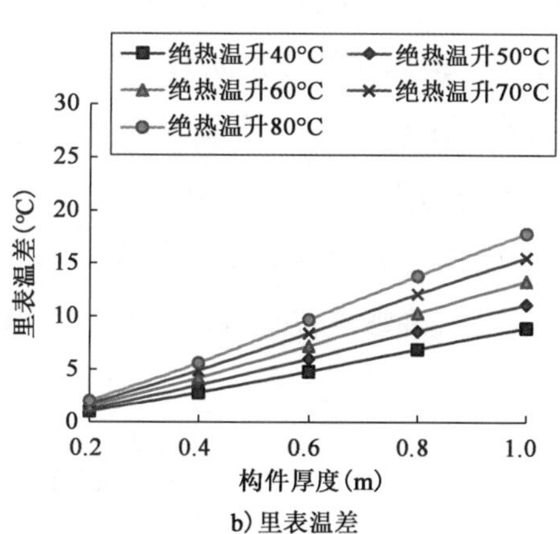

b)里表温差

图2-9　最高温升与里表温差分布规律

绝热温升为40℃，厚度为1m的构件，温升量为25.6℃，对应的绝热温升50℃、60℃、70℃、80℃的构件厚度分别为0.63m、0.46m、0.36m、0.29m，这些尺寸在桥塔或者箱梁中常用的轻薄尺寸。这意味着在相似约束强度时，轻薄的构件也可能产生与承台相似的约束应力效应。

综上所述，温度应力的触发原因为不均匀温度场，由于结构的约束条件不同，应力表现出不同的特征，其中外在边界约束影响下产生总体应力，构型影响下产生局部应力；早

龄期的材料弹性模量时变影响下,降温产生的受拉应力高于升温产生的受压应力,是体系开裂产生的主要原因;早龄期表面应力不仅与内表温差有关,还受到应力时程的影响,规律相对较为复杂;早期徐变则使得压应力以及拉应力都出现一定程度的衰减,总体上对温度效应的控制是有利的。

2.4 分析示例

以芜湖长江公路二桥首节桥塔节段、中下塔柱标准节段以及上塔柱标准节段为例,分析典型的温度效应。

2.4.1 首节塔柱

首节坐落于大体积的塔座以及承台上,受到的边界约束强度较高。采用基于温度试验的方法确定相关热力学参数,开展相关温度规律以及应力规律分析。

首节于2月12日(冬季)浇筑,浇筑量662m³,在24h内一次性浇筑完成。浇筑与养护期间大气温度约在5~15℃之间波动,桥塔与横梁外表面采用2cm厚木模板,内表面及空腔采用钢模板成形,顶面直接与大气接触。

塔柱实体段内设置3层水管,每层3~4道,水管内径2.7cm,壁厚2mm,管冷间距为0.8m,三层为梅花形布置,在浇筑后进行通水冷却,为避免寒冷天气造成冷激,外侧搭设密闭的篷布进行防护。为监测温度变化,在实体段内部、实体外表面、横联内部、空腔实体内部、空腔薄壁内部以及空腔薄壁外表面共布置6个温度传感器,对养护全过程进行温度监测。管冷位置、传感器位置及编号如图2-10所示。

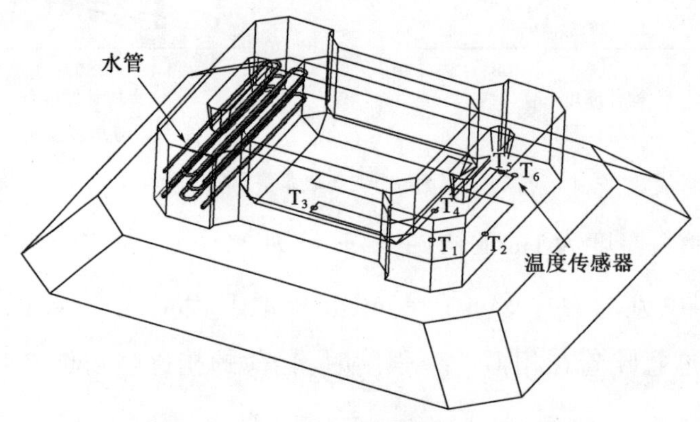

图2-10 管冷及测点空间布置(各示出一半)

采用有限元方法对桥塔温度及应力进行分析。温度计算模型中的混凝土密度、底座温度、桥塔初始温度、水温、大气温度这5个参数可通过测试获得外,其他需确定的控制参

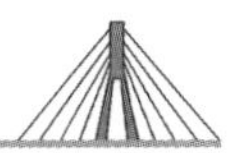

数多达 10 项，不可能对所有参数进行试验研究，本书中采用了优化的迭代识别方法，推定相关计算参数。最终采用的热学参数值见表 2-3。

热 学 参 数 值　　　　表 2-3

参数	ρ	c	λ	γ	T_{abs}
取值	2500kg/m^3	960J/(kg · ℃)	2.33W/(m · ℃)	0.91	59℃
参数	$T_{0,承台}$	$T_{0,桥塔}$	$T_{冷却水}$	$T_{空气均温}$	$\beta_{管冷}$
取值	12℃	14℃	10℃	12℃	380W/m^2
参数	$\beta_{木模板}$	$\beta_{钢模板}$	$\beta_{空腔}$	$\beta_{顶面}$	$\beta_{承台}$
取值	1.2W/m^2	8W/m^2	4W/m^2	10W/m^2	12W/m^2

温度监测表明，水化作用下温升效应显著，温度以 1 ~ 2℃/h 速率攀升，约在 43 ~ 55h 达到温峰。方柱未布置管冷的上方区域温度最高，峰值为 65℃，布置管冷区域温度略低，峰值为 53.6℃，横梁温峰最低，为52.5℃。随后，水化反应衰减，各区域温度基本上呈线性趋势下降，见图 2-11前 7d 实测温度与理论计算温度的示意图。

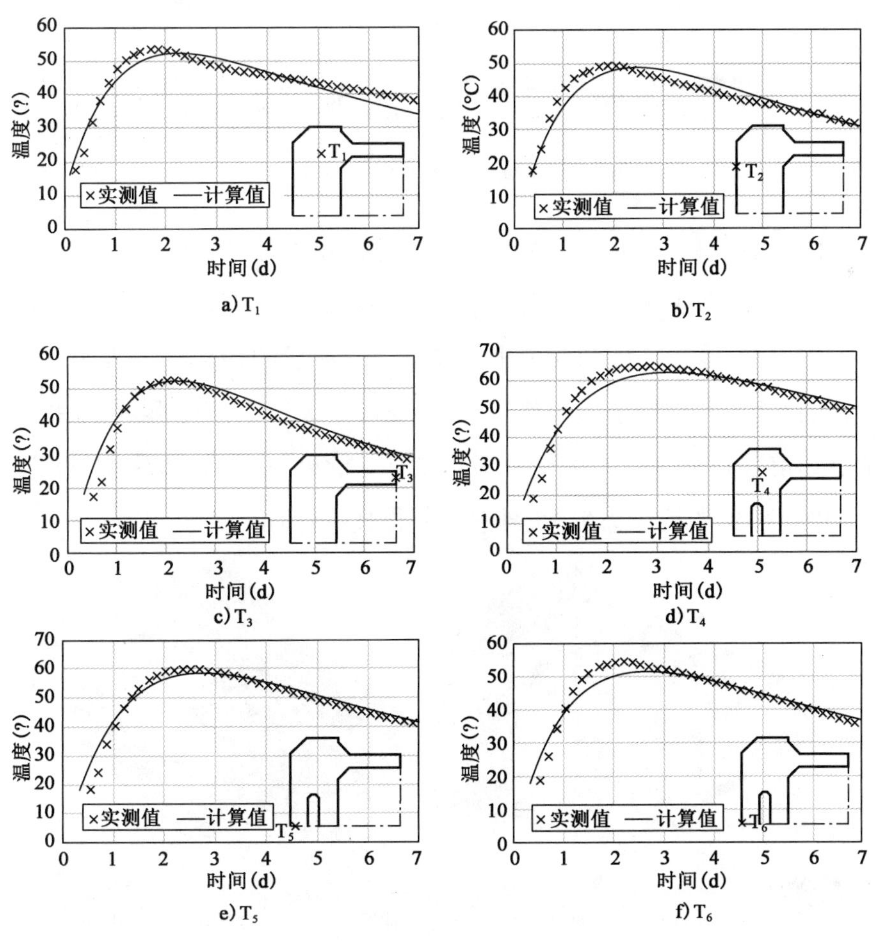

图 2-11　实测温度与理论计算温度对比

桥塔最高温升为65℃,横联最高温升为52℃,温升值均较高,考察极值升温时的温度场分布如图2-12所示。

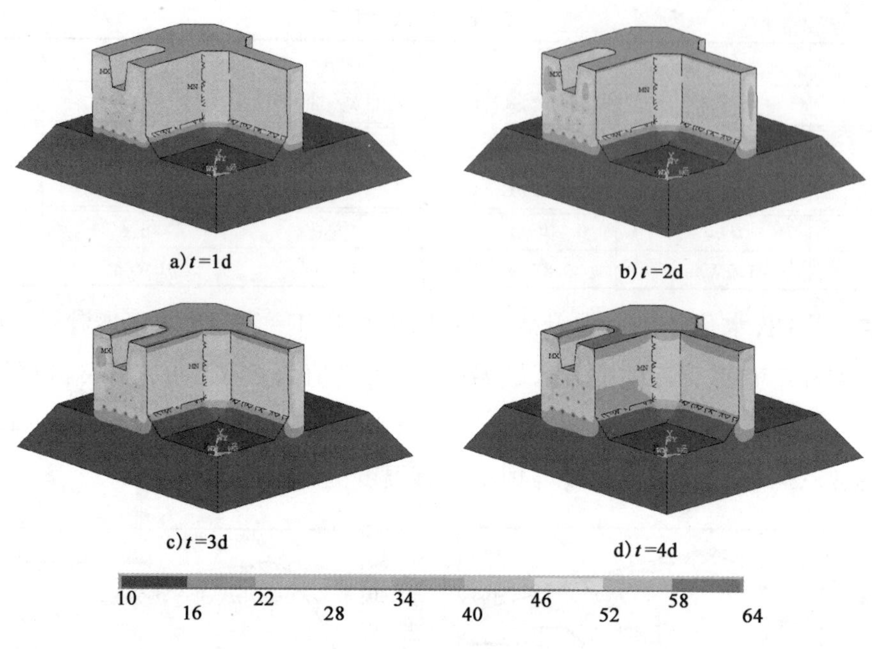

图2-12 前4d温度场分布图(单位:℃)

首节横联的应力分布如图2-13所示。由温度场分布可以看出,在桥塔及横联中均有较大的高温区域,在后期表现为整体降温,这是导致混凝土拉应力较大的主要原因,通过前述的计算方法,对温度场产生的应力进行计算。冷却后的计算结果表明,由于下部受到塔座以及承台的约束,下部处于嵌固状态,上部变形量大于下部变形量。桥塔及横联变形受到下方承台约束分别产生较大的受拉应力效应。此外,横联整体受拉,拉应力多在6～8MPa,拐角及中央位置的拉应力最大,外壁面整体比内壁面大。

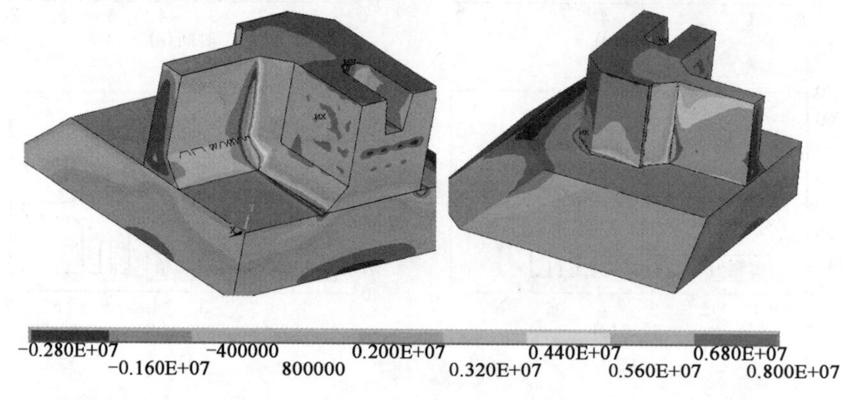

图2-13 首节横联的应力分布(单位:Pa)

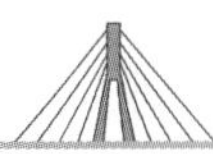

首节塔肢的应力分布如图 2-14 所示。塔肢整体受拉，拉应力多在3～7MPa，拐角外壁面整体比内壁面大，外壁面表面小范围较大，其他均在 4MPa 左右，内壁面拐角位置大。

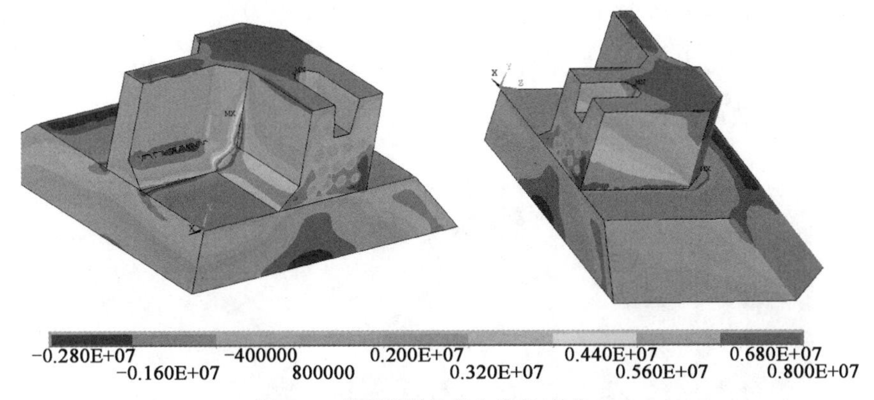

图 2-14　首节塔肢的应力分布（单位：Pa）

桥塔、横梁内密布大量钢筋以及型钢骨架，可能承担部分受拉效应，为定性分析其对温度应力的影响，建立无钢筋及钢桁架的对照模型进行分析。计算结果表明，应力分布并未产生明显变化，方柱及横梁应力峰值仅提高 0.1MPa（此处不再示出应力云图），因此钢筋与钢桁架并不能避免裂缝的产生。

但在微观尺度上，钢桁架的钢板将混凝土"切分"，削弱了混凝土截面，以横梁为例，1.1m宽的截面上布置 2 道宽 100mm 的角钢，混凝土受拉面积削减达 18%，成为易开裂的薄弱环节。

综上所述，桥塔首层节段水化温度效应是极具代表性的，由承台（或塔座）过渡到塔柱，结构刚度存在突变，较弱的桥塔受下方承台（或塔座）的强约束作用，极易产生结合面向上延伸的贯穿型裂缝。

2.4.2　中下塔柱标准节段

中下塔柱标准节段采用分肢塔柱，单肢由两侧刚度较大的实心区与中间的薄壁区域共同组成。其中最小厚度为 1.25m，也进入了大体积混凝土的厚度范围。采用与首节塔柱相同的计算参数，对中下塔柱标准节的温度以及温度应力进行预测。计算模型考虑下方已经浇筑完毕的塔柱以及上方实施的塔柱共两节。

中下塔柱标准节段前 4d 温度场如图 2-15 所示。温度计算表明，水化热产生的温升效应仍然较为显著，内部最高温达到 80℃（入模温度 28℃），且占据较大的范围，内侧散热慢，其温度也高于外侧温度。

当实施节段产生膨胀或收缩变形时，下层对其产生一定的约束作用，故最大应力分布在两层结合面区域，冷却后的薄壁应力如图 2-16 所示。从温度应力计算可以看出，下部最高应力达到4～5MPa,分肢断面大部分区域的应力位于2～4MPa之间,该应力水平也超出了混凝土自身的抗拉强度。最大应力只产生在薄壁区域,这与塔柱的构造形状是有关的。单肢塔柱为超扁结构,会产生类似于大体积混凝土的“长板效应”,在长轴的法向产生较高应力,且两侧实心区刚度相对较大,阻碍了薄壁的冷却时的变形。根据应力分布可以预见,标准节段薄壁区域可能产生自结合面向上的贯穿型开裂。

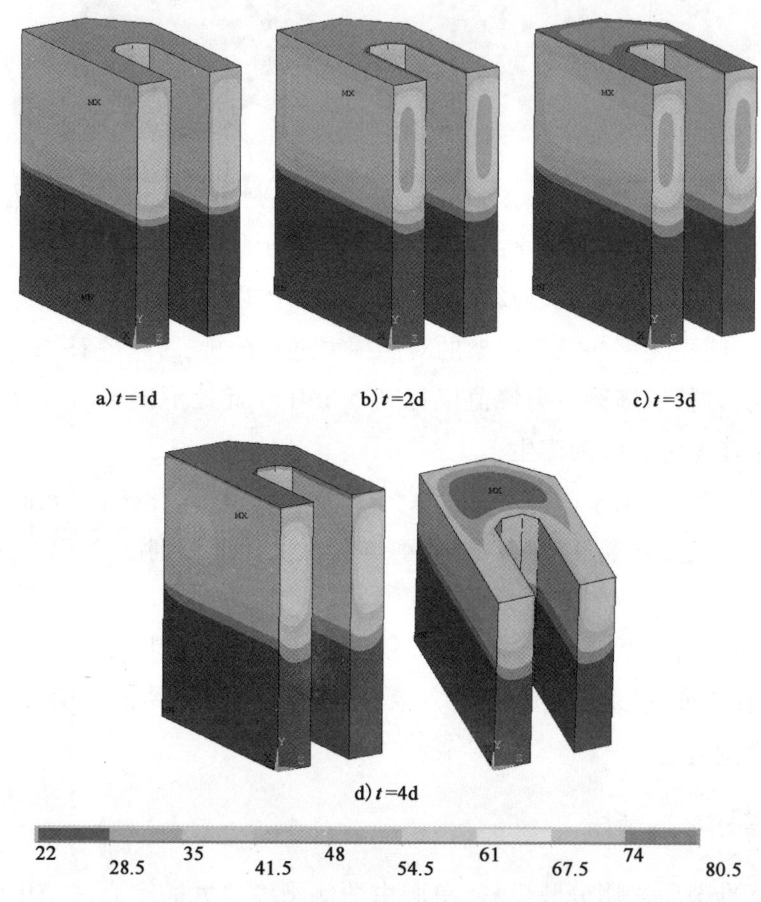

图2-15 中下塔柱标准节段前4d温度场(单位:℃)

此外,由第4日的温度场剖面可见,实心区域内部仍有较高的温度难以散发,表面散热相对较快,可能引起实心表面的开裂,见图2-15。

综上所述,塔柱水化反应导致节段之间产生较高的温差,受节与节约束作用,在结合面附近可能产生较高受拉应力;应力形态与结构长宽比以及刚度参数有关,塔柱薄弱面一般出现在长轴法向的薄弱构件上,可能引起自结合面向上延伸的断裂裂缝。此外,塔柱超出一定厚度后,内部热量流失速度较慢,表面与内部温差逐渐增大,外表面存在较高的开裂风险。

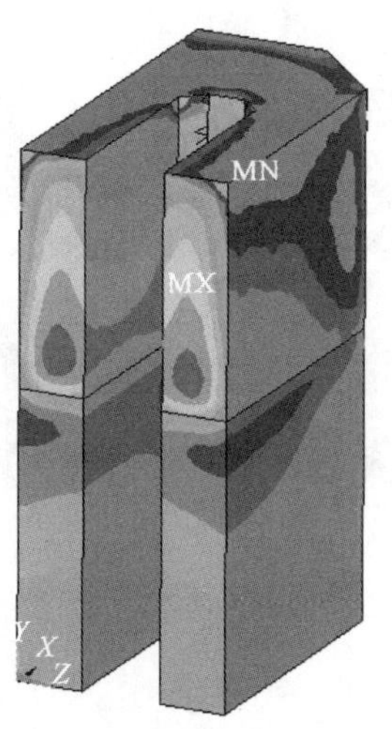

图 2-16　冷却后中下塔柱标准节段薄壁应力(单位:Pa)

2.4.3　上塔柱标准节段

上塔柱标准节采用空腔柱式八边形结构,四边尺寸较为接近,壁厚在 3 ~ 5m 之间,属于大体积混凝土。采用与首节塔柱相同的计算参数,对上塔柱标准节的温度以及温度应力进行预测(入模温度 28℃)。计算模型考虑下方已经浇筑完毕的塔柱以及上方实施的塔柱共两节。

上塔柱标准节段前 8d 温度场如图 2-17 所示。从标准段温度变化趋势可以看出,上塔柱标准节积聚热量较多,内部较大范围区域内温升均较高,达到 82℃;表面也维持较高温度状态,最高温约为 62℃。计算中模拟了第 7 日拆模的情况,上塔柱标准节段内部与表面温度变化见图 2-18。可见实体到达温峰后降温较慢,在第 7 日时温度仍未能出现显著下降。表面拆模前处于平缓下降阶段,在拆模后急速下降,可能引发表面开裂现象。

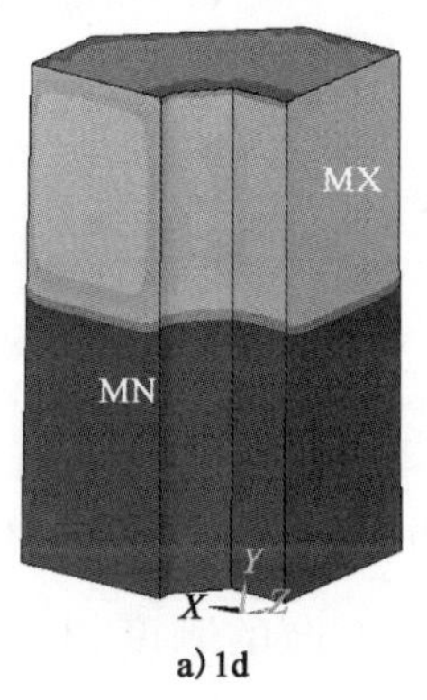

a) 1d

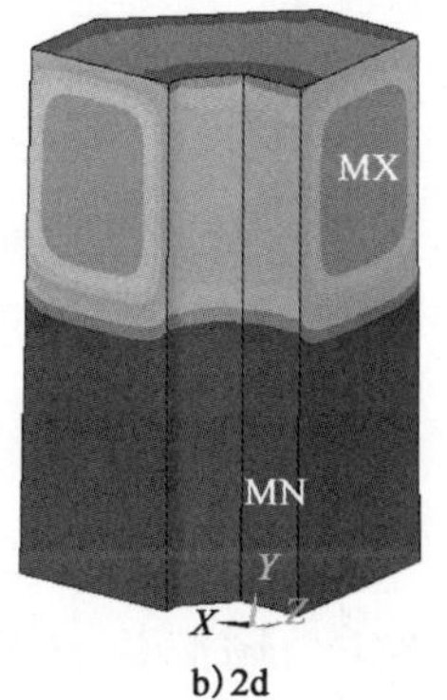

b) 2d

图　2-17

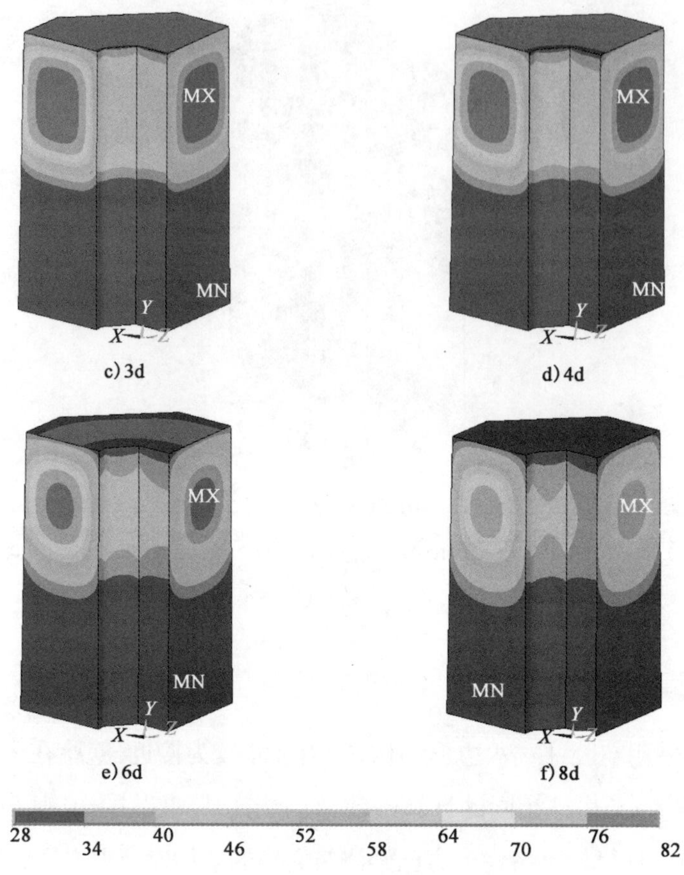

图 2-17 上塔柱标准节段前 8d 温度场(单位:℃)

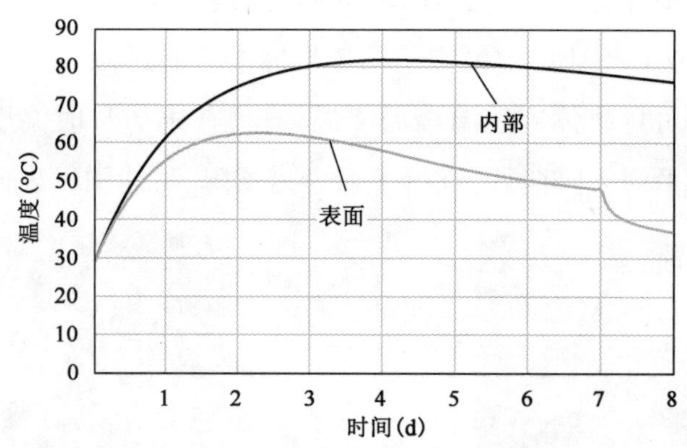

图 2-18 上塔柱标准节段内部与表面温度曲线

上塔柱标准节与已经浇筑节段之间的相互约束也是存在的,计算温度应力效应,将横桥向及纵桥向的最终应力场汇总于图 2-19。由于两个方向的刚度相近,在结合面位置产生的受拉效应比较类似,均超过 3.5MPa。

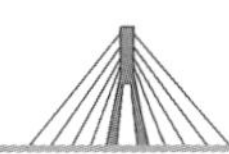

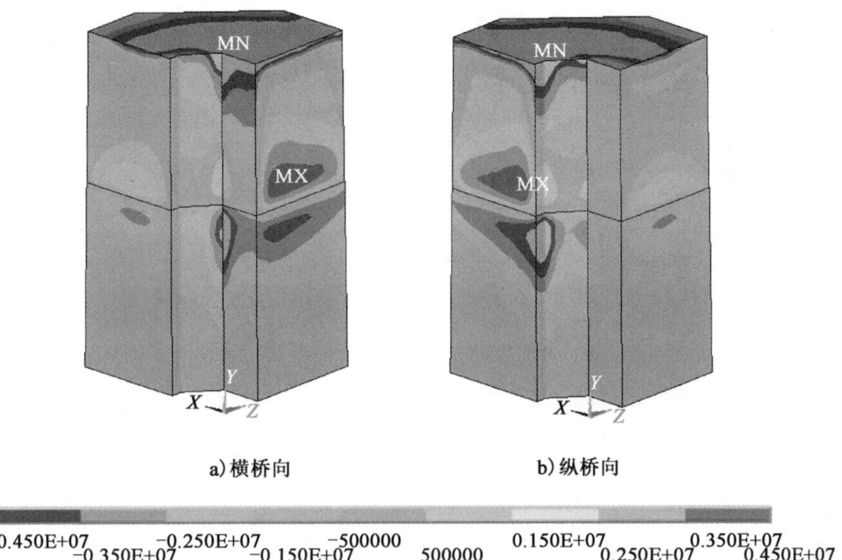

图2-19　冷却后上塔柱标准节段薄壁应力(单位:Pa)

上塔柱产生较高应力的原因:一方面是内部温升较高;另一方面是混凝土受高温影响,成熟度较高,徐变效应也会随着等效龄期的增加而减小,不能很好地起到削减受拉应力的作用。

综上所述,上塔柱各节之间的温差也会导致约束应力的产生,由于温度较高,该效应与中下塔柱最不利效应相当;上塔柱内部散热较慢,在拆模后外表面急速降温,也会产生表面开裂的现象。

2.5　本章小结

以芜湖长江公路二桥典型的首节塔柱、中下塔柱标准节以及上塔柱标准节示例了水化温度效应的计算方法、温度规律以及应力规律,结果表明:

(1)塔柱中节与节之间的约束效应最为显著,表现为当前节水化升温和降温变形受下方节块的影响,在结合面区域将产生较高的应力。

(2)节块之间的约束应力水平与节段刚度相关;一般而言,首节塔柱坐落于刚度较大的承台或塔座之上,产生的拉应力水平最高;标准节的刚度比近似为1:1,受拉效应得以减小,但在较高温升影响下仍有可能超出抗拉强度引起开裂,拉应力的集中范围、大小等特征则与节段的构造尺寸相关,刚度薄弱区域易产生贯穿开裂现象。

(3)塔柱表面应力与节段壁厚有关,在壁厚较大时,其内部热量难以散发,里表将会产生很大的温差,进而产生受拉应力偏高甚至开裂的情况;一般塔柱设置较短的养护期,拆模后表面温度骤降,是表面裂缝的主要成因。

第3章 温度应力自适应控制理论

鉴于温度以及温度应力计算参数取值存在一定的不确定性,在复杂的结构形式、环境条件以及工艺参数耦合作用下,温度效应的预测与控制的难度显著提高,通过研究提出了温度应力的自适应控制理论,较好地解决了矛盾与难题。本章对自适应控制的基本原理、技术体系以及关键技术进行介绍。

3.1 自适应控制流程及关键算法

基于自适应控制的基本原理,完善了温度应力的自适应控制方法,本节对控制流程及关键的参数识别技术进行介绍。

3.1.1 控制流程

自适应方法是对结构、材料、工艺、环境的自适应,其定义为:根据处理数据的数据特征,自动调整处理方法、处理顺序、处理参数、边界条件或约束条件,使其逐渐与所处理数据的统计分布特征、结构特征相适应,以取得最佳的效果的过程。

自适应方法在桥梁工程施工控制中的应用较为典型,图3-1示出了用于施工控制的自适应流程,其在闭环反馈控制(下半环)基础上增加参数估计算法[58]。通过对比结构测试状态与有限元模型结果,在偏差超出容许范围时,通过调节参数,使模型结果与预测保持一致,在经历数节段施工后,自动适应结构力学规律,为此后的调整提供精度较高的预报。

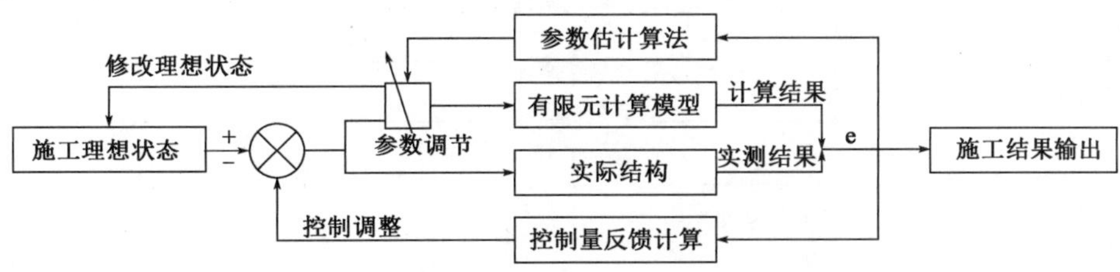

图3-1 用于桥梁施工控制的自适应流程

注:图中+、−号代表上下调整;e代表环节结束

参数估计算法是自适应的关键问题,施工控制方面研究开展较早,如陈德伟于1990年引入最小二乘法,石雪飞于1999引入扩展的卡尔曼滤波算法[58],颜东煌等于1999年引入灰色理论方法,随后在大量研究推动下,逐渐建立成熟的自适应控制体系[59-60]。

根据2.3节分析,温度应力计算同样面临参数不确定性、结构特异性问题,自适应控制原理具有较好的适用性。借鉴施工控制体系的同时,需注意两者之间的区别:

(1)控制主体不同,技术架构存在区别。

施工控制以体系的线形、内力作为控制目标,其关键技术为高精度模型;温度应力控制则以构件的温度、应力作为控制目标,关键技术不仅包括高精度模型,还应包括控制策略优化,两者的技术体系存在部分差别。

(2)模型控制参数不同,参数估计算法存在区别。

施工控制目标受弹性模量、自重集度、徐变等参数影响,温度应力控制受大量热工参数、边界参数以及材料参数影响,参数规模大且耦合规律复杂,对参数估计算法的要求也就不同。

根据温度应力特点,建立自适应的控制流程,该流程补充了工艺优化,以及不确定边界带来的模型更新子步,见图3-2。

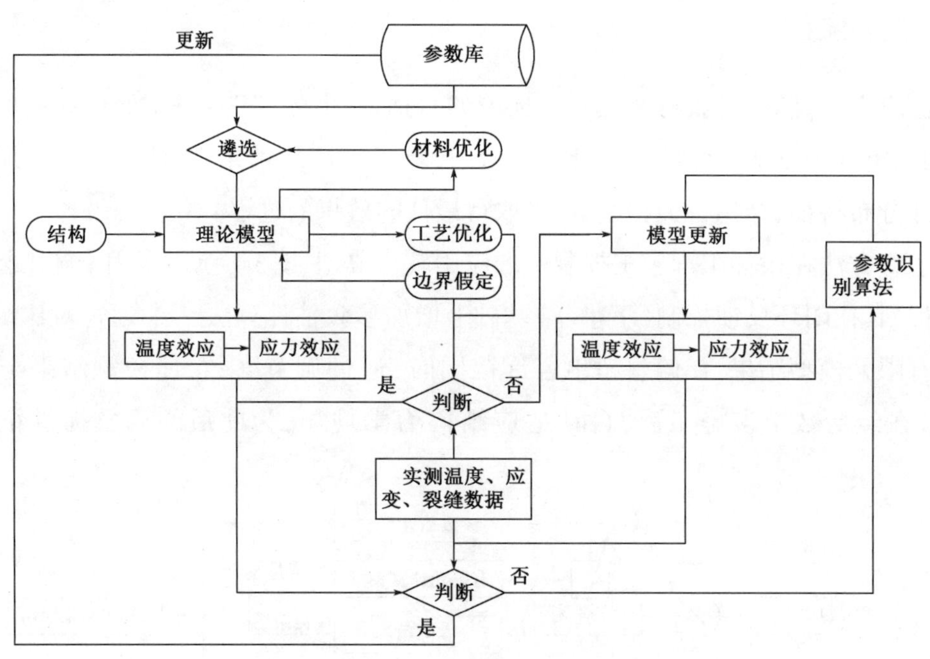

图3-2　温度应力的自适应控制流程

控制流程详述如下:

(1)由参数库遴选参数,参数应适应材料等特征。

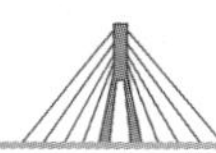

(2)根据结构以及假定边界建立理论模型,对工艺进行优化,并给出预测温度和应力响应。

(3)在温度控制实施后,对工艺、边界、温度响应与应力响应等参量进行观测。

(4)判断观测的工艺、边界与预设值是否相同,若不相同,则以实测参量更新模型,计算更新模型的温度与应力响应。

(5)判断原模型或更新模型的温度与应力响应是否与实测值相同,若相同,则回归参数库,进行下一结构的工艺优化。

(6)若不相同,则进入参数识别算法模块,调整模型参数,使计算结果与实测值趋于一致,然后更新参数库,进行下一结构的工艺优化。

在自适应流程中,参数库具有自修正与自完善的功能。自修正是指同一案例,随着节段实施数量增加,参数逐渐调整至较高精度的值;自完善是指随着工程案例的富集,参数库的适用范围增大,新案例的初始控制的精准程度也就越高。

自适应控制流程中存在两项关键技术:一是参数识别算法,包括基于温度数据的热学参数识别、基于应变或裂缝数据的力学参数识别,为计算模型提供精度较高的参数组;二是动态控制算法,以识别参数采用该算法对下一阶段进行预测,给出即时控制策略,降低裂缝风险。以下对两项关键技术进行分别研究。

3.1.2　热学参数识别方法

热学参数识别的方法主要有解析法与迭代算法两类。解析法需设计专项试验[61]或仅针对一维简单传热问题[62],适用范围有限。迭代算法包含变步长搜索[63]、复合型法[64]、遗传算法[65-67]、BP 神经网络算法[68]、快速退火算法[69]以及拟牛顿法[70]等方法。典型的最优化算法可以解决热学参数识别问题,但文献结果表明,温度计算或产生 10% 甚至以上的误差,与采用试验获取参数方法相比仍有不小差距。

制约精度识别的可能原因有两点:一是待定参数较多,受高度非线性影响,最优参数求解难度较大;二是建立的有限元模型规模普遍比较庞大,迭代计算效率可能偏低。综上所述,本节将在前述研究的基础上,对基于温度数据的热学参数的高精度的识别方法开展研究。

利用 2.1 节介绍的基本公式计算混凝土温度场时,管冷水温、管冷对流系数(以流速进行换算得到)、大气温度获取途径比较便利,导热系数 k、比热容 c、绝热温升 T_{abs}、温升系数 γ、空气对流系数 h_a 测试难度普遍偏大。

对于式(2-2)～式(2-6),任意 k、c、h_f 只要保持比例关系相同,温度场是具有相同解的,因此较多研究以导温系数替代导热系数与比热容进行识别,导温系数定义为 $k/(\rho c)$,这样简化为只对比例关系进行识别。

由于比热容 c 分布比较集中,位于 0.84 ~ 1.09kJ/(kg · ℃)之间,因此将比热容约定为均值 0.96kJ/(kg · ℃),该处理方法在本质上与导温系数相同,并不影响温度计算精度。综合考虑后,需要识别的参数有导热系数 k、绝热温升 T_{abs}、温升系数 γ 以及空气对流系数 h_a,共计 4 项。

识别面临的主要问题是对于空间模型来说,单次计算时间过长,以及现有算法计算误差偏大的等问题,通过研究提出了模型简化方法、选取了较好的识别算法并给出了精度提高的优化方法,最后归纳形成了识别流程。

1)模型简化方法

整体模型尺寸偏大且在内置管冷的情况下,所建立的有限元模型复杂,影响计算效率。且包含的待定参数为 4 个,迭代难度大。因此对模型开展简化是十分必要的,常规构件可简化为二维问题,可以显著降低节点数量。

对于部分混凝土结构,简化为二维后,有限元模型仍然偏大,此时,可采用内部与表面局部模型替代整体模型进行迭代的方法。该方法主要利用了混凝土热阻大、结构深层受表面对流影响较小的客观规律。

局部模型区域划分遵循精简原则,应充分利用绝热边界,图 3-3 为矩形管冷布置情况的内部与表面局部模型示例。内部模型应距离表面有一定的深度,以隔绝对流参数的影响。表面模型内延尺寸应根据最近的绝热边界进行确定。

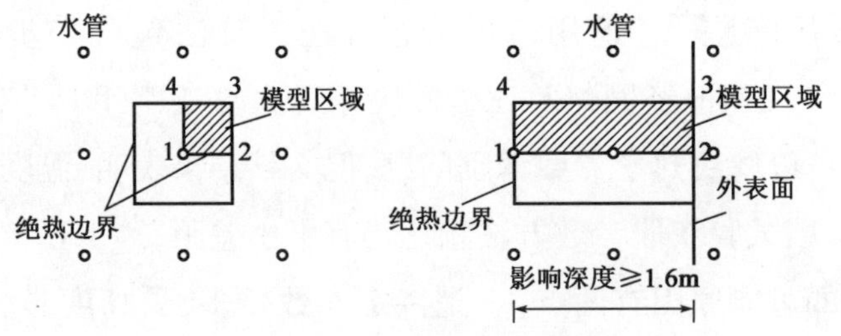

图 3-3 内部与表面局部模型

由于内部模型只有三个待确定参数,可先开展内部模型的参数识别,然后以确定的参数识别表面模型中的对流系数。

2)参数识别算法

选取遗传算法作为参数识别算法,主要是出于遗传算法对于多参数识别具有较好的适用性,增加变异因素,可以避免梯度法后期降速过慢的问题。

遗传算法是模仿生物进化的一种自适应启发式全局概率搜索算法,由 Holland 于 20

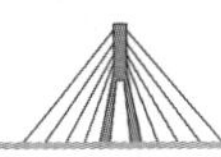

世纪 60 年代创始，至 70 年代得到承认，并在 DE Jong 和 Goldberg 的推动下，形成算法的基本框架。遗传算法具有解决非线性问题的鲁棒性以及不依赖问题本身的特征，是其具有的主要优势。

遗传算法在初始域随机生成多个参数组，将每个参数表示为二进制数，并行计算，以各参数对目标函数的适应定函数确定各参数组的生存概率，优胜劣汰，将剩下的优异个体进行杂交和变异，以繁殖的后代进行重新优化。通过反复循环，直至达到既定收敛准则停止。

将遗传算法应用于温度参数的识别，所做的改进工作如下：

(1) 为解决迭代次数较多、计算效率偏低的问题，本节引入了局部模型方法，可以显著减少单次迭代计算的时间，提高识别效率。

(2) 为解决初始种群敏感性问题，设置繁殖代数限制，超限后自动回归初始状态，进行重新分析。初始种群敏感性解决也是建立在模型计算效率显著提升的基础之上。

遗传算法流程见图 3-4。

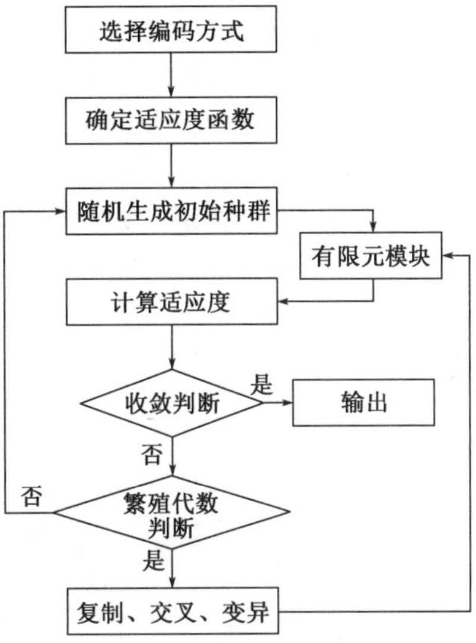

选择编码方式
确定适应度函数
随机生成初始种群
有限元模块
计算适应度
收敛判断
是
输出
否
繁殖代数判断
否
是
复制、交叉、变异
图 3-4 遗传算法流程

3) 识别精度的提升方法

针对已有研究仍会可能产生较大偏差的情况开展分析，初步判断为收敛准则容差引起的偏差，以下通过参数敏感性分析进行验证。以某 0.5m × 0.5m 内部模型为例，取用 T_{abs} = 50℃，γ = 1.15，k = 2.5 W(m · ℃) 计算得到的温度曲线为标准曲线，然后将参数两两固定，改变第 3 个参数。绘制参数误差与温度曲线均方差的关系见图 3-5。

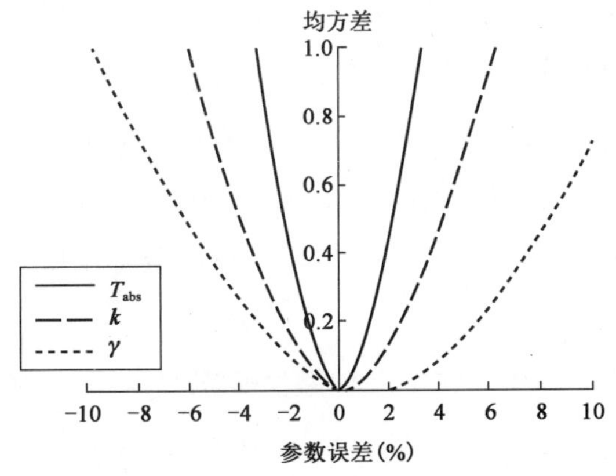

均方差
1.0
0.8
0.6
0.4
0.2
T_{abs}
k
γ
−10 −8 −6 −4 −2 0 2 4 6 8 10
参数误差(%)
图 3-5 参数误差与温度曲线均方差关系图

温度均方差容差为 1 时，绝热温升、导热系数以及温升系数的可能误差为 ±3%、±6% 与 ±10%，误差水平相对较高，解释了现有识别方法误差较大的原因为收敛准则容差。

为减小容差影响，提出一种基于多次识别、拟合最优的改进方法。遗传算法最终识别参数将随机散落在容差允许范围内，通过多次识别得到一系列参数组与对应均方差，假定为二次抛物线，采用最小二乘法拟合即可推定均方差最小时的参数取值。

$$\varphi = \sum(ax_i^2 + b - \sigma_i)^2 \tag{3-1}$$

$$\frac{\partial\varphi}{\partial a} = \sum(ax_i^2 + b - \sigma_i) \cdot x_i^2 = 0 \tag{3-2}$$

$$\frac{\partial\varphi}{\partial b} = \sum(ax_i^2 + b - \sigma_i) = 0 \tag{3-3}$$

式中，φ 为残差平方和函数；x_i为第 i 项参数；σ_i为第 i 项参数组求得的均方差；a、b 为待拟合参数。

4)识别流程

本节建立的参数识别流程如下，流程如图 3-6 所示。

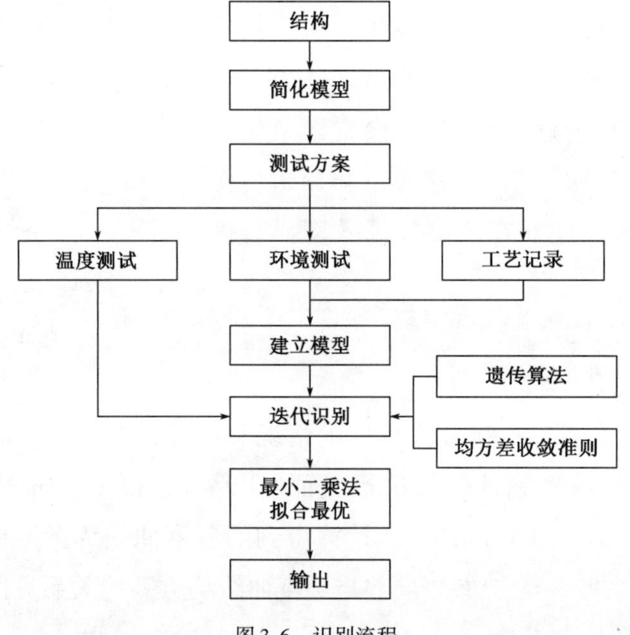

图 3-6　识别流程

(1)对结构进行离散，形成简化模型，在模型对应实体的关键位置上布置温度测点，并对环境温度、工艺进行记录；典型简化模型的测点布置为，内部模型在 3 点安装 1 个温度传感器，表面模型在 3 和 4 点分别安装 1 个传感器，点编号见图 3-3。

(2)进行温度测试工作，从浇筑前开始，测试需保证足够时长，以至少持续至降温中期为宜。

(3)建立简化模型，以测试的初始温度、环境温度以及工艺条件施加至模型上，采用遗传算法进行识别，以均方差收敛准则作为终止迭代条件，获取对应参数组，均方差准则如下。

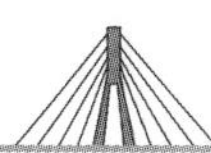

$$\sigma_T = \sqrt{\frac{1}{N}\sum_{i=1}^{N}(T_{\text{test}} - T_{\text{Fea}})} \leqslant [\sigma_T] \tag{3-4}$$

式中，σ_T、$[\sigma_T]$为均方差以及收敛均方差限值；N为温度对比的数量；T_{test}为测试温度；T_{Fea}为有限元计算温度。

(4)以遗传算法得到的多组参数组以及对应均方差，采用最小二乘法拟合得到最优参数组。

3.1.3　力学参数识别方法

目前关于早龄期徐变识别的研究较少，一是因为早龄期混凝土的温度作用比较复杂；二是内埋式传感器与混凝土之间不能形成较好的黏结，应变测试存在不精确的情况；三是早龄期混凝土的徐变离散程度较高，作用规律并不明确。

对于科学研究来说，应当采用定量的方法；但对于工程应用来说，以实现裂缝受控为目标即可。自适应控制方法的提出，正是以实现由不安全域向安全域逼近为目的的。故提出以增量法采用的徐变度函数开展徐变效应的等效识别，该函数描述为[6]：

$$C(t,\tau) = \sum_s \psi_s(\tau)[1 - e^{-r_s(t-\tau)}] \tag{3-5}$$

$$\psi_s(\tau) = A_s + B_s\tau^{-g_s} \tag{3-6}$$

式中，s为多项式数量；A_s、B_s、g_s、r_s为待定系数。

待识别函数中s取为1时，意味着卸载之后徐变变形可以完全恢复，该假定与试验结果并不相符，一般采用增加公式项的方法，即使$s=2$，在该情况下，即待定参数为A_1、B_1、g_1、r_1、A_2、B_2、g_2、r_2八项参数。部分试验结果表明，第一项与第二项比例约为7:3。

以朱伯芳提出的某C50混凝土的徐变度函数为例，该函数描述如下[6]：

$$C(t,\tau) = C_1(t,\tau) + C_2(t,\tau) \tag{3-7}$$

$$C_1(t,\tau) = (6.7 + 61.3\tau^{-0.45})[1 - e^{-0.3(t-\tau)}] \tag{3-8}$$

$$C_2(t,\tau) = (15.1 + 25.6\tau^{-0.45})[1 - e^{-0.005(t-\tau)}] \tag{3-9}$$

分别计算1d、7d的徐变度C_1与C_2部分，汇总于图3-7。从徐变所占比例可以看出，C_2徐变应前期占2%左右，比重较低，随时间缓慢增长。若只关注早龄期的力学效应，可忽略该项贡献，此时，待识别参数仅余A_1、B_1、g_1、r_1四项。

1)有应变测试情况下的参数识别

在有应变测试的情况下，可以采用遗传算法识别待定参数。考察徐变度表达式，可以看出参数A_1与B_1之间存在一定的随变效应，A_1减小时，B_1将出现增加。

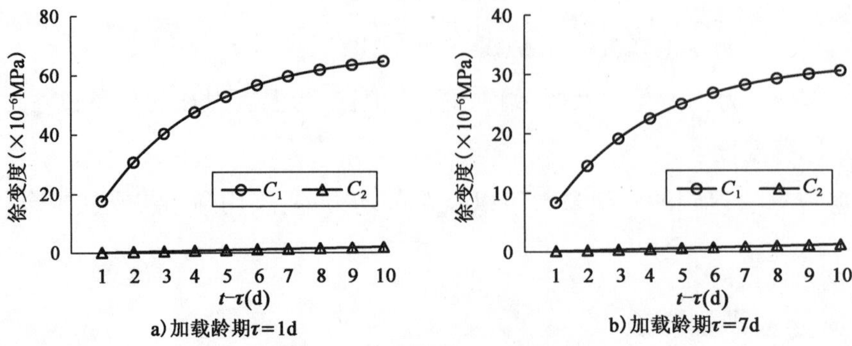

图 3-7 徐变度随时间发展曲线

以某双端固结梁为例,分别在 1、3、7、10d 施加轴向 1MPa 的压应力,徐变函数采用式(3-7)~式(3-9),得到标准压应力变化如图 3-8 所示。

采用计算值识别参数值,见表 3-1,由于 A_1 与 B_1 之间的相互影响,B_1 参数出现最大约 5% 波动。从效应预测的角度出发,可忽略数值上产生的少量绝对偏差。以 B_1 差值最大的第 4 组参数为例,计算应力对比如图 3-9所示,可见,误差在 1% 以内,识别值与标准值的误差不会影响早期效应的计算精度。

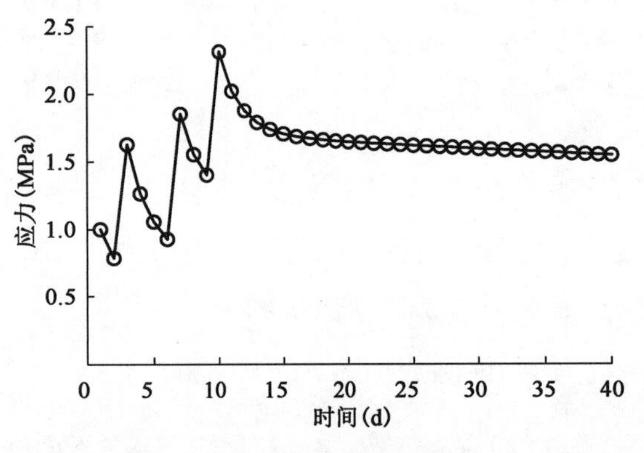

图 3-8 标准压应力发展曲线示例

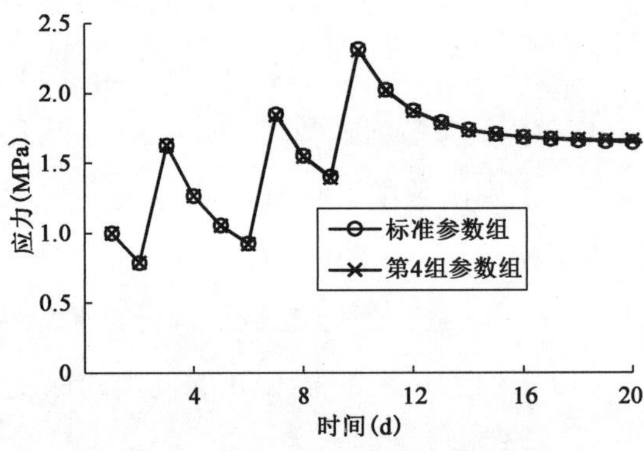

图 3-9 识别参数组与标准参数组的应力对比

参 数 识 别 值 表 3-1

参数类别	识别次数	A_1	B_1	g_1	r_1
标准值	—	6.7	61.3	-0.450	-0.300
识别值	1	7.2	64.0	-0.444	-0.283
	2	4.3	66.9	-0.415	-0.283
	3	4.4	66.8	-0.416	-0.283
	4	4.1	67.0	-0.414	-0.284
	5	5.2	66.0	-0.423	-0.283
	6	5.3	65.8	-0.425	-0.283
	7	8.6	62.5	-0.460	-0.283

续上表

参数类别	识别次数	A_1	B_1	g_1	r_1
识别值	8	5.0	66.2	-0.422	-0.283
	9	3.3	67.8	-0.406	-0.283
	10	3.9	67.3	-0.411	-0.283

2)有裂缝测试情况下的参数识别

在产生开裂的情况下,所获得的应变数据的分析难度也较大。基于裂缝指数方法(CI)以及断裂力学中的裂缝宽度预测方法,对满足裂缝控制需求的模型更新方法进行探讨。该方法适用于逐节施工结构,通过重复预测—检测—预测,使预测模型逐渐适应现场条件,其建立的数据基础为温度数据以及裂缝数据。

由开裂概率曲线可以得出,即使模型参数正确,在实际控制中也有一定概率产生开裂,仅以开裂现象并不足以否定模型参数的计算精度,需建立一套用于判断裂缝是否可以接受的评估方法。

裂缝指数 CI 方法仅给出了裂缝规律的宏观分布,或需要大量节段的控制效果统计,才能反映模型的精度,存在滞后验证的情况。本书提出基于裂缝指数 CI 的裂缝宽度评估体系,以实现快速判断,便于及时展开模型的修正工作,最大程度减少裂缝开展数量。

该方法认为开裂对应的概率事件为 $\sigma_t < f_t$,在假定 σ_t计算无误的情况下,f_t服从一定概率分布,使得开裂事件服从 Weibull 分布。由 f_t计算对应的裂缝宽度 w,可以得到裂缝宽度服从的概率分布。

为解决应力分布不均匀带来的开裂概率不同问题,将研究对象受拉区按应力成因不同进行划分,对各区域的缝宽概率进行分别求解与检测统计。由于共用边数目差异,典型区划方式有分割型和包容型两种,如图 3-10 所示。分割型主要用于受力性质不同区域的划分,包容型则适用于相同受力性质区域的不同应力等级的划分。

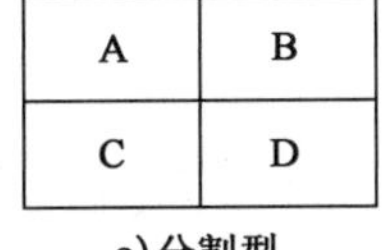

a)分割型

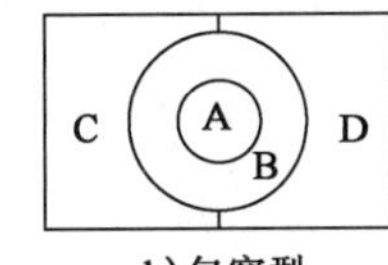

b)包容型

图 3-10　区划方式示意图

划分完毕后,计算各区域的裂缝的产生概率,其对应于抗拉强度的分布概率,即:

$$w_t = W(\sigma, f_t) \tag{3-10}$$

$$P(w_t) = P(f_t) \tag{3-11}$$

式中,w_t为理论裂缝宽度;W 为缝宽计算表达式,由 2.3.1 节提供的计算方法计算获得;$P(w_t)$为裂缝宽度 w_t的发生概率;$P(f_t)$为强度 f_t的发生概率。

图 3-11 示出裂缝宽度与对应概率密度曲线,裂缝宽度越大,其发生概率也就越小。本文提出以 P_{lim}限值进行概率性接受或拒绝理论模型,在实际裂缝宽度落于小概率域时,选

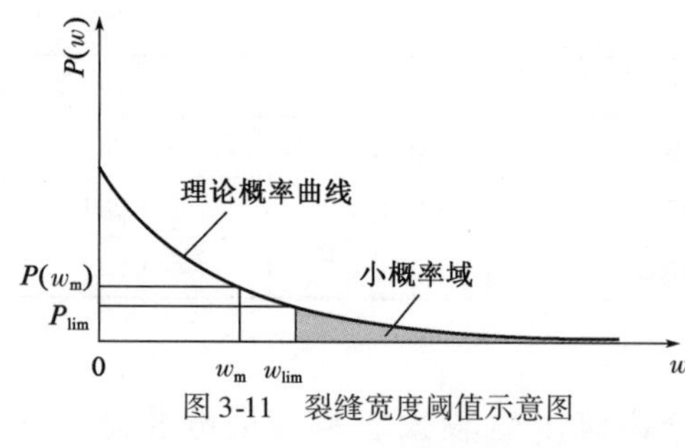

图 3-11 裂缝宽度阈值示意图

择不接受理论模型。

采取总裂缝宽度参与计算,逐区域检测裂缝,并对区域内同方向的裂缝的宽度进行累加,累加值反映了断裂能量的总体水平,计算式描述如下:

$$w_{m,i} = \sum_j w_{m,ij} \tag{3-12}$$

式中,$w_{m,i}$为第 i 区域检测裂缝宽度,$w_{m,ij}$为第 i 区域第 j 条裂缝的检测宽度。

将整体结构进行划分后,各区域不能视为完全独立结构,提出规格化指标与 P_{lim} 限值进行对比,规格化指标是指裂缝宽度及对应概率乘积之和与裂缝宽度总和的比值:

$$P_{lim} \geqslant \frac{\sum P(w_{m,i}) \cdot w_{m,i}}{\sum w_{m,i}} \tag{3-13}$$

规格化指标相对于极值指标,可以避免概率的过量估计,相对于均值指标,可以充分考虑缝宽所占权重,具有现实意义。

P_{lim}为评估的重要参数,P_{lim}越小,其代表着实际裂缝在当前模型参数的发生概率越小,模型参数错误的概率(P_m)也就越高,也代表着按照当前参数开展控制开裂的可能性越高,不利于抗裂安全控制;反之,P_{lim}越大,代表着实际裂缝在当前模型参数的发生概率越大,模型参数错误的概率 P_m 也就越小,但过高的取值,参数的估计可能也就越保守,经济性也就越差,如图 3-12所示。

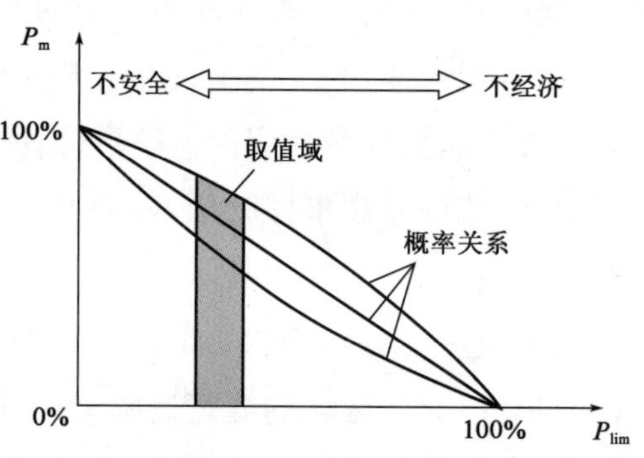

图 3-12 模型参数错误概率 P_m 和 P_{lim} 关系图

P_{lim}应在安全与经济中间找到一个平衡点,根据基于性能的理念,安全与经济的控制需求由建设单位决定,故本书提出 P_{lim} 取值由性能需求取值。

以芜湖长江公路二桥桥塔的控制为例,综合考虑经济性、工期以及桥塔受力性能,提出控制总体原则为:超出预期开裂节段的最大比例不得超过 20%。以此制定 P_{lim} 限值,意味着若裂缝在既有参数情况下发生的概率小于 20%,即认为不可接受的情况产生,应拒绝当前参数取值。

拒绝参数取值后,通过修正应力效应 σ,使最小概率满足 P_{lim} 概率要求,然后以调整后的应力为逼近目标,采用基于应变的识别方法识别相关徐变参数。

基于裂缝情况修正模型参数是一种概率性修正方法,其具有如下特征:①获得参数不一定是精确参数,但由于其最终目的是实现裂缝受控,经过一轮或数轮修正,总是能够获得对裂缝控制具有足够精度的参数;②由于小概率事件仍有可能产生,按照高概率标准进行修正,也可能出现过于保守的情况。

3.1.4 识别算例

芜湖长江公路二桥桥塔建设中开展了大量的参数识别与修正工作,2.4.1节中介绍了首节塔柱的参数取值,随后塔柱的参数识别与首节塔柱保持了较好的一致性。以下选择两节塔柱分别示例热学参数以及力学参数的识别。

1)热学参数识别

某节段高4.5m,布置三层管冷,最底层管冷距离浇筑结合面高度1.55m,管冷层间距为1.1m,管径为$\phi27\times2.5$mm。外表面覆盖木模板,内壁覆盖钢模板。采用C50混凝土,水泥为P.Ⅱ42.5级水泥,用量336kg/m^3,粉煤灰用量96kg/m^3,矿粉用量48kg/m^3。

在距离结合面2.1m高度的A截面上,分别布置3个传感器,见图3-13。传感器精度为±0.2℃,测试频率为每小时一次,测试时间为96h。

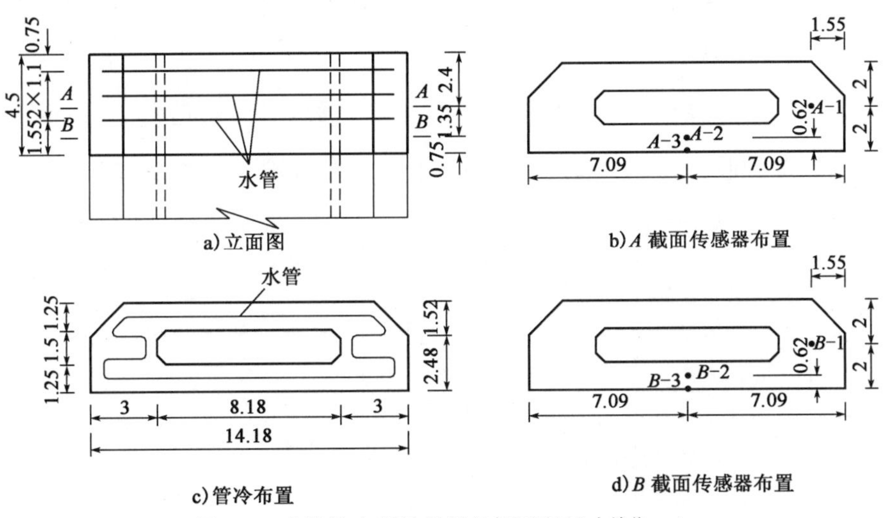

图3-13 节段尺寸、管冷及测点布置图(尺寸单位:m)

按照水泥及双掺料的热量,初步估计绝热温升为62.5℃,初始区间取50~70℃。导热系数初始区间为1.6~3.5W/(m^2·℃),外侧木模板温度变化较为平稳,保温效果较好,等效对流系数区间取为0.5~10W/(m^2·℃)。管冷水温在20±22℃之间波动,流速在0.65~1.0m/s,大于混凝土热阻影响下的最大散热效率,对流系数按照上限值h_w=380W/(m^2·℃)计入。38~59h以及70~96h因断电停水,管冷对流系数取0。

环境影响方面,环境温度按照实测环境温度进行输入,表面对流应考虑日间和夜间辐射条件不同,且日间可能处于日照范围或背阴范围,应考虑不同时刻的对流系数取值,本例中采用木模板隔热保温效果较好,表面温度变化平缓,热量散失的速率较为稳定,故假定为恒定值予以识别。

在 A 层测试区域选取局部模型,以 B 层数据作验证。内部模型尺寸为 $0.5\text{m} \times 0.55\text{m}$,表面模型横向尺寸以壁厚的 1/2 考虑,模型尺寸为 $0.625\text{m} \times 0.55\text{m}$。模型采用 3 节点平面单元,内部模型仅有 82 个单元、54 个节点,表面模型仅有 97 个单元、62 个节点,如图 3-14 所示,左下角切角模拟水管,斜长为 1/4 管冷弧长。

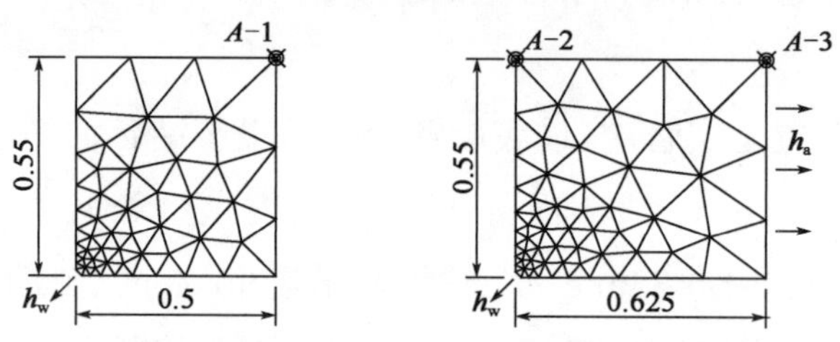

图 3-14　模型尺寸、网格及对应传感器位置(尺寸单位:m)

选取遗传算法进行迭代,种群数量控制为 10 个,以温度均方差不大于 0.8 作为收敛条件,独立进行 10 次识别。

内部模型识别多组参数后,拟合推定最小方差的参数组,然后代入表面模型,对对流系数进行识别。参数收敛过程如图 3-15 所示。热学参数检索范围及取值见表 3-2。

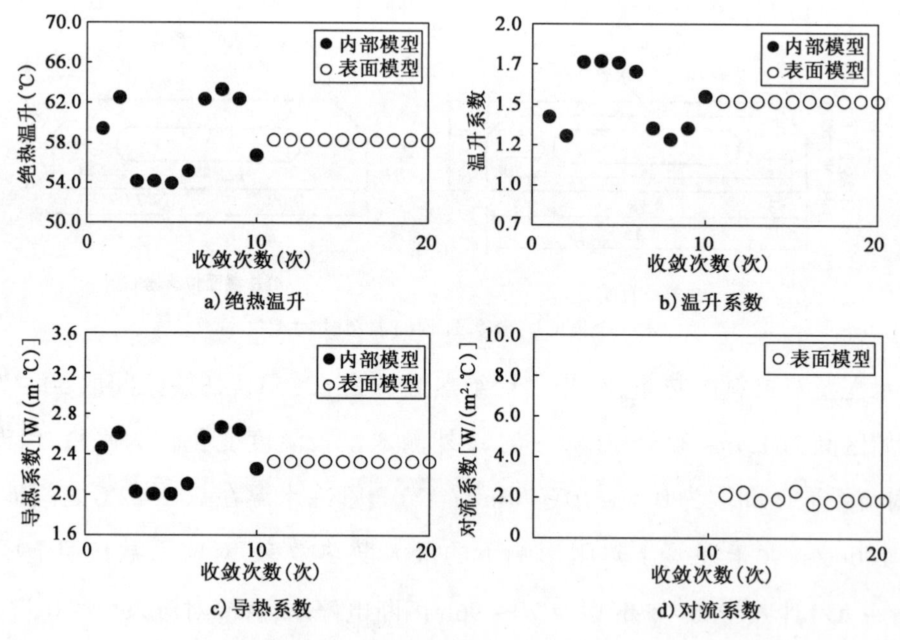

图 3-15　参数收敛过程

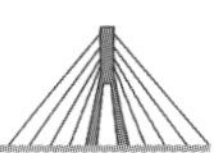

热学参数检索范围及取值　　表3-2

参 数 名 称	绝热温升 T_{abs}(℃)	温升系数 m	导热系数 k[W/(m·℃)]	对流系数 h_a[W/(m²·℃)]
检索范围	50～70	0.7～2.0	1.6～3.5	0.5～10
识别区间	53.9～63.3	1.25～1.76	2.01～2.67	1.7～2.3
最终取值	58.8	1.5	2.33	2.1

建立空间有限元模型,对 B 截面的温度历程进行校核。A、B 截面最终理论计算值与实测值对比见图3-16(图中数据缺失为设备离线情况)。仅在初期产生±2℃以内的误差,后期误差均在±0.5℃以内,识别参数具有较高的精度。

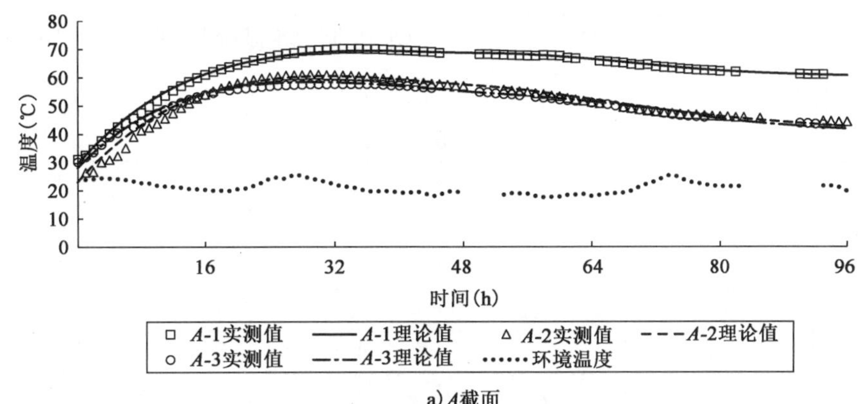

a) A截面

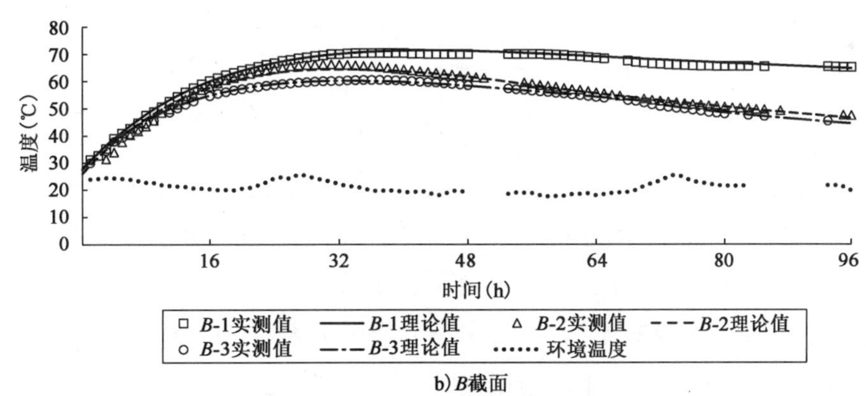

b) B截面

图3-16　实测温度与理论计算温度对比

局部模型单次运算耗时约6s,空间实体模型单次运算耗时约90s,在相同迭代次数的情况下,局部模型可节约93%的计算时间,显著提升了识别效率。

将识别的绝热温升、导热系数直接用于后续节段,取得了相对较高的计算精度。需要注意的是,温升系数与诱导升温阶段的初始温度有关,即与环境因素相关,而对流系数则与工艺控制相关,每节段中或有不同,因此在逐节施工时,应对这两个系数进行重新识别,以适应环境与工艺调整的情况。

2)力学参数识别

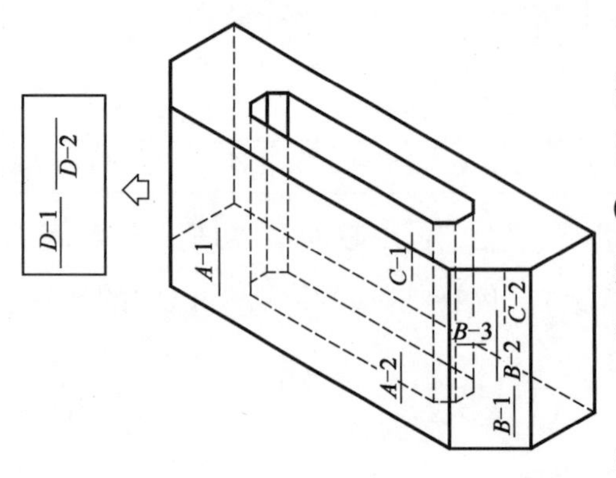

图 3-17　裂缝分布图

以某节段为例,该节高 6m,于 9 月 29 日 13:30 浇筑,于 10 月 2 日 12:00 开始拆除模板。由于节段高度增加至 6m,内置水管增为 6 层,分别距结合面 0.5m、1m、2m、3m、4m、5m。拆除模板次日产生 9 条裂缝,裂缝以竖向为主,裂缝宽度 0.04~0.15mm 不等,裂缝分布见图 3-17。

根据结构差异,将薄壁与实心区离散成 A、B、C、D 四个区域,将裂缝长度、宽度以及裂缝总宽汇总于表 3-3。

裂缝宽度统计表　　表 3-3

区　域	裂缝编号	长度(m)	宽度(mm)	裂缝总宽(mm)	
				水平张开	竖向张开
A	*A*-1	2.4	0.10	0.25	0
	A-2	1.8	0.15		
B	*B*-1	1.8	0.08	0.15	0.04
	B-2	2.5	0.15		
	B-3	1.0	0.04		
C	*C*-1	1.7	0.10	0.18	0
	C-2	1.8	0.08		
D	*D*-1	2.5	0.12	0.12	0
	D-2	2.5	0.10		

本节段对温度进行测试,测点位于实心表面以及实心内部,分别于 8:00、12:00、19:00 记录测点温度,采用 3.1.2 节方法对热学参数进行识别,识别表明热学参数保持较好的一致性。与前述全程覆盖木模板不同的时,本塔节采用了表面的主动冷却技术,即温峰过后将外侧木模板拉开约 1cm 缝隙,以滴灌温水主动加速降温,表面对流边界发生改变,通过识别,得到等效的对流系数 h_a 为 6.0 W/(m^2·℃)。此外,第 3、4 日完成拆除模板,表面对流系数发生改变,识别得到的对流系数为 8.0W/(m^2·℃)。温度实测值与计算值的对比见图 3-18。

根据实际温度响应计算应力响应,计算中采用的弹性模量以及抗拉强度由实测确定,即 $E_{28}=3.9\times10^4$MPa,$f_{tk}=4.0$MPa,实测力学参数时变速率符合 CEB-FIP 规范提供的模型[51]。计算中采用的初始徐变模型为:

$$C(t,\tau)=C_1(t,\tau)+C_2(t,\tau) \tag{3-14}$$

$$C_1(t,\tau) = (6.7 + 61.3\tau^{-0.45})[1 - e^{-0.3(t-\tau)}] \tag{3-15}$$

$$C_2(t,\tau) = (15.1 + 25.6\tau^{-0.45})[1 - e^{-0.005(t-\tau)}] \tag{3-16}$$

实际结构主要表现为水平张开的竖向裂缝，以水平应力为主要分析对象，计算理论开裂概率及实测裂缝发生概率，计算结果见图3-18。

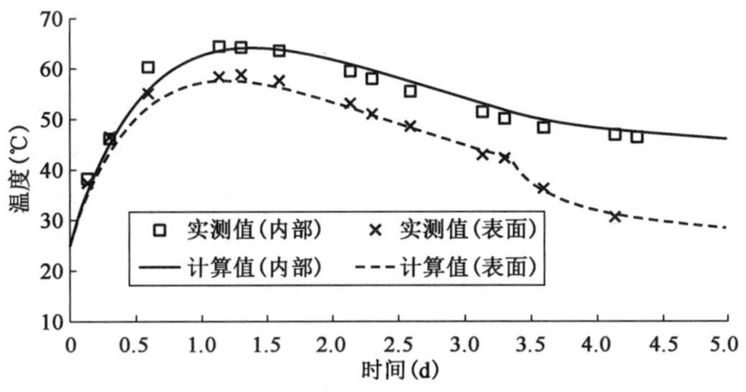

图3-18 温度实测值与计算值对比图

裂缝总宽及对应发生概率如图3-19所示。对于薄壁 A、C 面，计算应力为3.3MPa，小于理论标准强度3.6MPa，开裂概率为38.2%，产生0.25mm与0.18mm缝宽的概率分别为8.5%与14.2%，发生概率较小。对于实心 B、D 面，计算应力为4.1MPa，超出理论标准强度3.6MPa，开裂概率为70.5%，产生0.15mm与0.12mm缝宽的概率分别为7.5%与14.7%。即按照初始徐变模型计算，发生现状开裂的概率并不高。

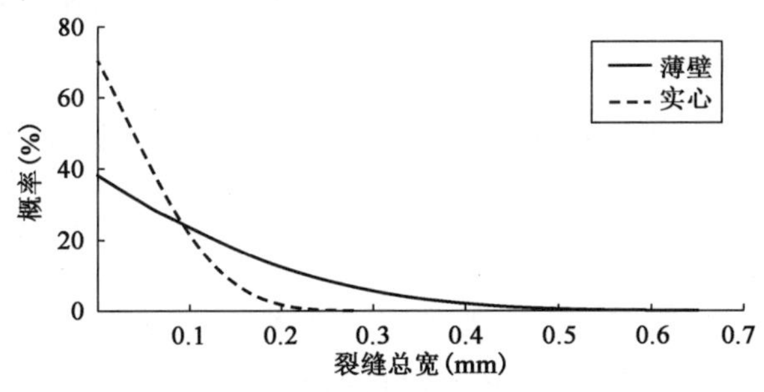

图3-19 裂缝总宽及对应发生概率

通过调整理论计算应力 $\tilde{\sigma}$，使 A、B 面裂缝产生的概率大于20%，试算得到修正的 $\tilde{\sigma}$ 分别为3.7MPa与4.6MPa，对应裂缝宽度的产生概率为20.4%与20.9%。以控制应力为目标，对徐变模型进行识别修正，由于为短期效应，仅做 C_1 部分的识别，识别模型见式(3-17)。

$$C_1(t,\tau) = (1.2 + 95.1\tau^{-0.604})[1 - e^{-0.42(t-\tau)}] \tag{3-17}$$

与初始模型的主要区别为，识别模型在初期具有较高的徐变度，释放了初期积蓄的压

应力,初始模型与识别模型的应力时程对比见图 3-20。

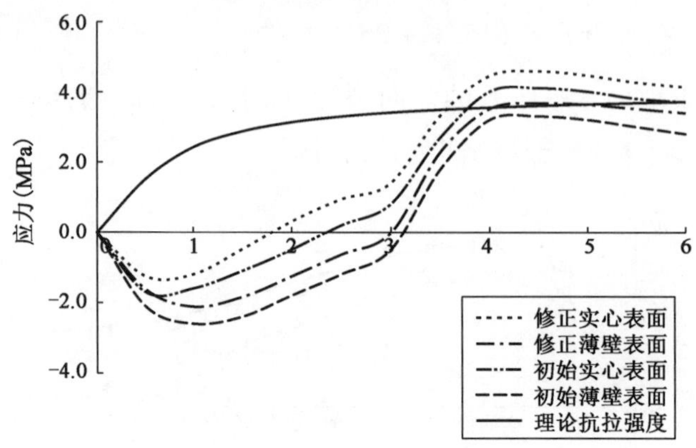

图 3-20 初始模型与识别模型的应力时程对比

对于单样本来说,裂缝在特定时刻产生,以某时刻的应力为目标得到的识别模型可能无法适用于其他样本的应力预测。对于多节建造的桥塔,基于本节识别模型调整控制措施,预测下一节的应变,以下一节的实施效果对参数进行校准,重复过程,最终将获得具有足够精度的计算参数。

3.2 多目标控制方法

影响温度及应力的因素较多,可利用的控制手段也较多。鉴于桥塔裂缝控制难度较大,提出了多目标的控制方法,其是指以裂缝控制为最终控制目标,从温度、应力或抗力等多种渠道提出的工艺策略。本节对控制原理以及优化的方法进行介绍。

3.2.1 裂缝控制目标

调研温度裂缝控制方面的规范,主要调查了《大体积混凝土施工规范》(GB 50496—2009)[2]、《水运工程大体积混凝土温度裂缝控制技术规程》(JTS 202-1—2010)[3]、《公路桥涵施工技术规范》(JTG/T F50—2011)[1] 以及《公路工程质量检验评定标准》(JTG F80/1—2012)[71],温度与裂缝控制标准见表 3-4。

温度与裂缝控制标准　　表 3-4

规　范	指　标					
	入模温度(℃)	最高温度(℃)	内表温差(℃)	表环温差(℃)	降温速率(℃/d)	裂缝标准(mm)
《大体积混凝土施工规范》	5~28	温升≤50	≤25	≤20	≤2	仅有应力标准

续上表

规范	指标					
	入模温度(℃)	最高温度(℃)	内表温差(℃)	表环温差(℃)	降温速率(℃/d)	裂缝标准(mm)
《水运工程大体积混凝土温度裂缝控制技术规程》	5~30	≤70	≤25	—	≤2	0.2~0.4
《公路桥涵施工技术规范》	5~32	≤75	≤25	≤15	—	—
《公路工程质量检验评定标准》	—	—	—	—	—	0.15

调研桥梁结构相关规范对裂缝方面的控制标准,设计规范、温度控制规范、施工规范以及养护规范在裂缝宽度限制上具有较高的一致性。基于性能的裂缝控制最终应以耐久性为目标,制定控制过程中的相关标准。首先对设计以及养护规范中的控制指标进行调研,见表3-5。

设计与养护规范裂缝限值 表3-5

环境	规范	
	《公路桥涵钢筋混凝土及预应力混凝土桥涵设计规范》(JTG D62—2012)	《公路桥涵养护规范》(JTG H11—2004)
Ⅰ(温暖或寒冷地区的大气环境,与无侵蚀性的水或土接触的环境)	0.20	0.25
Ⅱ(严寒地区的大气环境、使用除冰盐环境、滨海环境)	0.20	0.25
Ⅲ(海水环境)	0.15	0.20
Ⅳ(受侵蚀性物质影响的环境)	0.15	0.20

《公路桥涵钢筋混凝土及预应力混凝土桥涵设计规范》(JTG D62—2012)对钢筋混凝土构件提出更高的控制要求,《公路桥涵养护规范》(JTG H11—2004)对检查的裂缝限值适当放宽了要求限制。“质量标准”调研结果显示,《水运工程大体积混凝土温度裂缝控制技术规程》(JTS 202-1—2010)提出0.2~0.4mm的控制标准,质量检验提出0.15mm的控制标准。

以使用阶段考虑,裂缝宽度应控制在0.15~0.20mm,由于桥塔使用阶段承担活载效应,可能导致裂缝的扩展现象,因此建议施工阶段最大的裂缝限值应适当减小。参考质量检验提出的控制标准,可以以0.15mm作为最大值控制标准(针对Ⅰ类与Ⅱ类环境,Ⅲ类与Ⅳ类环境有待进一步研究)。

根据裂缝限值范围,建议了裂缝控制的三级设防标准:①内、表均无开裂;②内部无开裂,对表面裂缝宽度及数量进行同步控制,其中最大裂缝宽度不大于0.15mm,表面无龟裂,表面存在较少的规律性裂缝;③内部无开裂,仅对表面裂缝宽度进行控制,最大裂缝宽度不大于0.15mm(表3-6)。

建议的裂缝设防标准 表3-6

等级	内部裂缝	表面	
		其他裂缝	龟裂
Ⅰ	无	无	无
Ⅱ	无	裂缝宽度≤0.15mm	无
Ⅲ	无	裂缝宽度≤0.15 mm	裂缝宽度≤0.15mm

芜湖长江公路二桥桥塔综合了规范要求、桥塔性能需求,采用第二层设防标准,根据结构温度应力的特点,细化温度裂缝的控制标准,见表3-7。

芜湖长江公路二桥桥塔温度裂缝控制标准 表3-7

构件	贯穿(内部)裂缝	表面龟裂裂缝	表面规律裂缝	裂缝宽度
下塔柱	无	无	≤3条/面	≤0.15mm
中横梁	无	无	无	—
上塔柱	无	无	≤5条/面	≤0.15mm

3.2.2 多目标控制体系

多目标控制体系是指将结构变形及影响裂缝发展的所有因素纳入考虑,建立可以单项或者多项调控的技术。控制目标可以是温度、应力或者抗力,在进一步细化中,可通过对入模温度、管冷密度、管冷流速、加冰数量等调控,实现温度控制。应力控制除通过温度进行调控外,还可以采用分块浇筑或断缝后浇的方式予以控制。抗力则可以通过掺加聚丙烯纤维或者钢纤维的方式提高。多目标控制体系如图3-21所示。

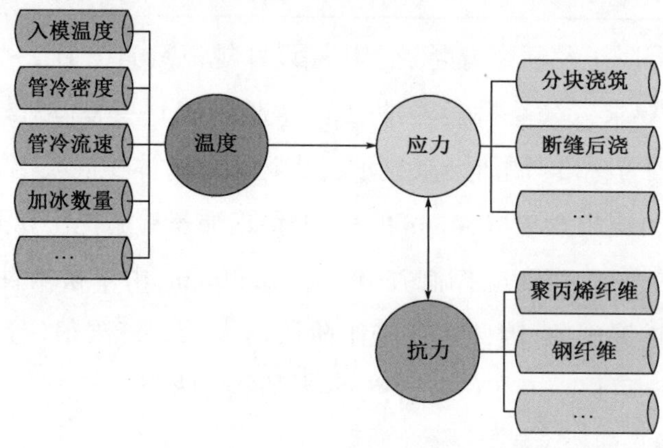

图3-21 多目标控制体系

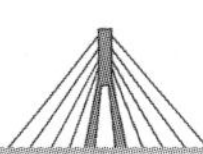

3.2.3 控制目标优化

在进行多目标优化时，可遵循试算、调整、验证的过程，优化流程如下：

(1)初步确定某项工艺或控制策略，如不布置管冷设施或布置一定量的管冷设施。

(2)计算温度效应，根据温度效应计算应力效应。

(3)对全过程的抗裂安全性进行检验，若安全性满足控制要求，则既定工艺满足控制要求。

(4)安全性不满足控制要求时，计算最高应力与容许应力比值，用于反算温度控制系数或应力提高系数。

(5)根据温度调整系数，确定入模温度控制目标或绝热温升控制目标，根据应力控制系数，确定抗拉强度控制目标；也可以将控制量进行拆解，以多项目标进行控制。

(6)决策是否接受，若接受，则停止优化；若不能接受，则需要对原工艺/策略进行调整。

控制目标优化流程如图3-22所示。本流程中，以无管冷措施和管冷措施为初定工艺/策略进行示例，计算入模温度、绝热温度、抗拉强度等控制目标；在其他项目中，也可以将优化流程进行对调。

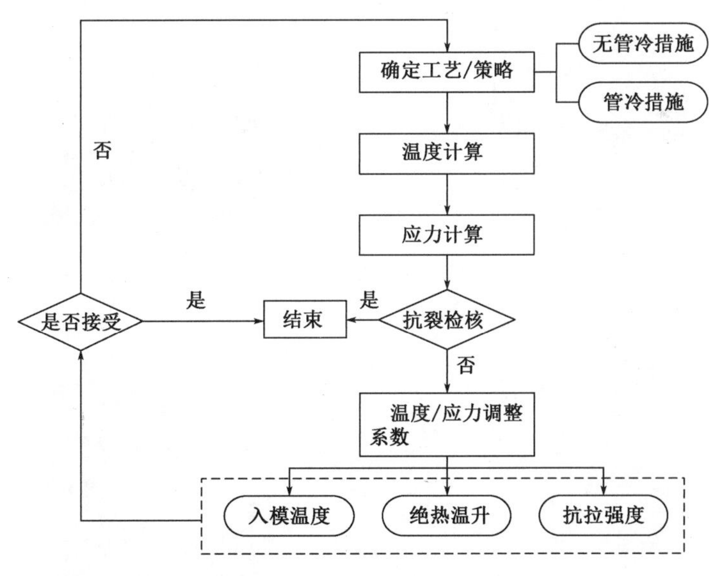

图3-22 控制目标优化流程

3.2.4 优化示例

以中下塔柱标准节段示例优化过程，分别计算了无管冷以及增设管冷两种情况，计算温度场结果见图3-23，具体工艺如下。

(1)无管冷措施:无管冷措施下,在前4d考虑模板的保温作用,在第4日后考虑拆除模板后与环境热交换加剧,计算7d温度以及应力变化。

(2)有管冷措施:布置5层水管,下部管冷水管间距为0.5m,上部管冷水管间距为1m,水冷温度考虑为江水温度20℃。

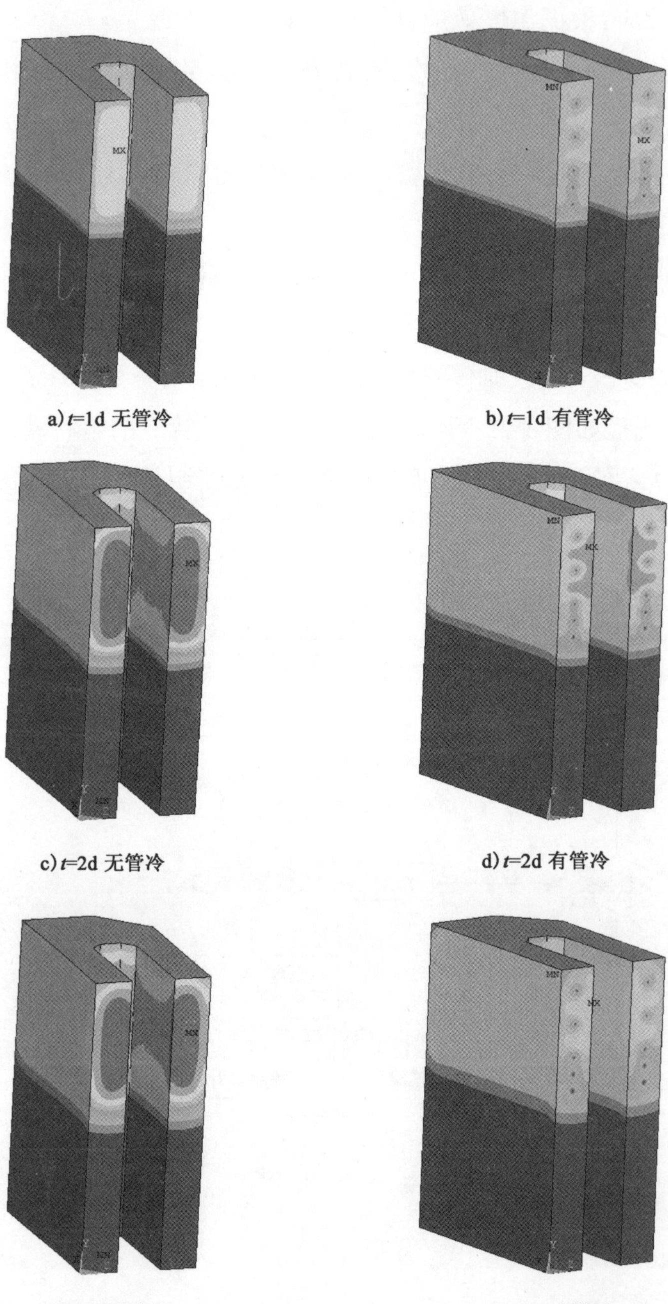

a) t=1d 无管冷　　b) t=1d 有管冷

c) t=2d 无管冷　　d) t=2d 有管冷

e) t=3d 无管冷　　f) t=3d 有管冷

图 3-23

g) t=4d 无管冷　　h) t=4d 有管冷

图 3-23　温度场结果

布置管冷后,温峰的大小及分布范围有显著降低,且温峰提前至第 3 日,无管冷措施温峰则持续 2d 左右。第 3 日停止通水后,管冷附近区域温度得以回升,在整个计算时间内,有管冷措施的温度比无管冷措施温度低 6 ~ 10℃。选用规范参数计算最大拉应力的时程曲线,如图 3-24 所示。

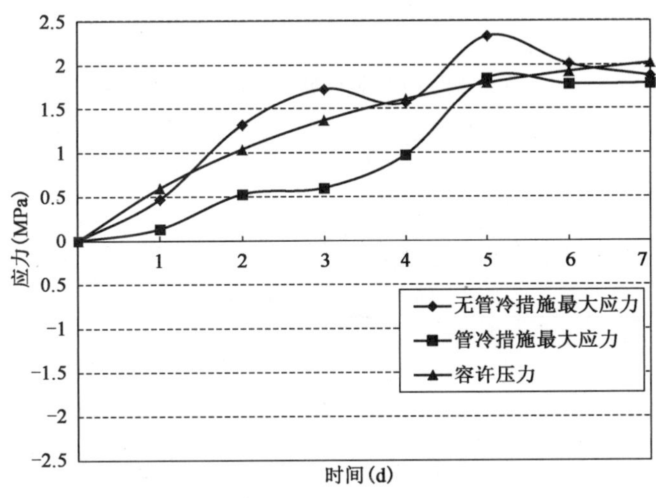

图 3-24　拉应力变化时程曲线

1)温度控制目标的确定

以规范容许应力进行校验,可以看出无管冷措施的情况下将产生开裂情况,管冷措施会减小受拉应力,但仍有超出的可能性。引入温度场削减系数,该系数计算公式为:

$$\eta = \left.\frac{f(t)}{\sigma(t)}\right|_{\min} \tag{3-18}$$

然后以该系数对绝热温升或者入模温度进行削减,削减公式如下。

入模温度：

$$T(0) = T_{环境温度} - (T_{max} - \eta T_{max}) \tag{3-19}$$

绝热温升：

$$T'_{max} = \eta T_{max} \tag{3-20}$$

则有管冷措施和无管冷措施下的温度控制目标见表3-8（入模温度及绝热温升二选一，即可满足要求）。

温度控制目标 表3-8

控制内容	无管冷措施	管冷措施
η	0.77	0.97
入模温度	低于环境平均温度13.4℃	低于环境平均温度1.7℃
绝热温升	44.9℃	56.6℃

2）抗力控制目标

若温度场保持不变，提出抗力增大系数，该系数计算公式如下：

$$\xi = \left.\frac{\sigma(t)}{f(t)}\right|_{max} \tag{3-21}$$

可以看出，抗力增大系数与温度场削减系数之间呈反比关系，即：

$$\xi = \frac{1}{\eta} \tag{3-22}$$

则有管冷措施和无管冷措施下的抗力控制目标见表3-9。

抗力控制目标 表3-9

控制内容	无管冷措施	管冷措施
ξ	1.30	1.03
f_{tk}（MPa）	3.44	2.73

3.3 控制指标体系

总体方案制定后，需细化温度控制过程中的各项指标。本节介绍在方案实施阶段采用的指标体系以及限值的制定方法。

3.3.1 指标构成

桥塔水化温度效应引起的外约束裂缝主要控制降温量以及降温速率，自约束裂缝主

要控制温差。相关规范中对入模温度、内表温差、最高温度、降温速率、表环温差进行规定。然而温度与应力变化的连续性决定了裂缝控制具有复杂的因果关系，根据理论研究以及芜湖长江公路二桥工程实践，将温度控制过程分为入模阶段、升温阶段、带模降温阶段、松模滴灌阶段、拆模养护阶段，共5大阶段，并对其中相关指标进行研究，指标体系如图3-25所示。

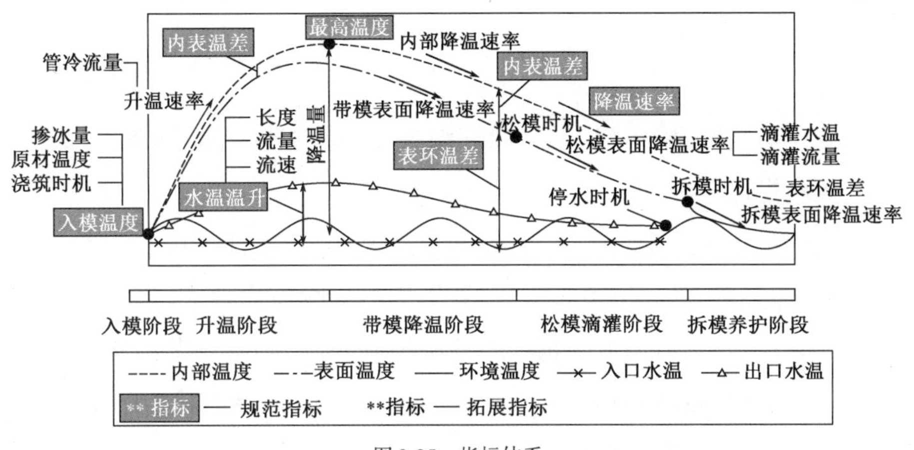

图3-25　指标体系

作用在各阶段的指标分为关键指标和保障关键指标实现的次级指标，表3-10中示出各项指标层级关系。

各项指标层级关系　　表3-10

阶　段	主要风险	关键指标	次级指标
入模阶段	入模温度较高，最高温升	入模温度	1. 掺冰量； 2. 原材温度； 3. 浇筑时机
升温阶段	最高温失控，内部开裂风险	升温速率 降温量	管冷流量
	内部高温分布显著不均匀风险	水温温升	1. 水管长度； 2. 管冷流量（流速）
	表面温升慢，胀裂风险高	内表温差	
带模降温阶段	内部降温过快，拉应力超过抗拉强度，产生开裂风险	内部降温速率	管冷流量（流速）
	环境温度骤降，表面冷激，产生开裂风险（风险较小）	内表温差	表面降温速率
松模滴灌阶段	内部降温过快，拉应力超过抗拉强度，产生开裂风险	内部降温速率	
	养护水温控制不当，表面冷激，产生开裂风险（风险较大）	内表温差 表面与养护水温差	1. 表面降温速率； 2. 滴灌水温； 3. 滴灌流量

续上表

阶　段	主 要 风 险	关 键 指 标	次 级 指 标
拆模养护阶段	拆模时,表面冷激风险	表环温差	
	拆模后,环境温度骤降,表面冷激风险	拆模时机	表环温差
其他	管壁温差过大,内部开裂风险	入口水温与内部温差	
	轻薄构件在管冷持续作用下,降温过速风险	停水时机	

3.3.2　指标限值

基于理论研究与实践,确定降温量、内表温差、表环温差、降温速率等关键指标后,可建立全过程的控制指标系统。

由于塔柱施工跨越寒暑交替的环境,混凝土节段的绝对温度相差较大。根据前述对关键指标的分析,降温量、内表温差、表环温差等指标影响应力控制,温差并不随环境变化而变化。因此,保持不同季节温度差值以及速率控制相近,则各季节结构应力控制是相近的。但随着气温的变化,最高温指标、入模温度这些绝对温度指标应随之做调整,才能保证降温量、温差或速率在各季节中保持一致。以下介绍制定的各项控制标准的限值取用方法。

1)入模温度

该指标制定的入模温度为浇筑进入模板并振捣后的混凝土内部温度。

平均气温大于28℃时:

$$T_{P} \leqslant 28℃$$

平均气温小于7℃或最低气温低于0℃时:

$$10℃ \leqslant T_{P} \leqslant 12℃$$

其他情况(建议):

$$7℃ \leqslant T_{P} \leqslant \frac{T_{a,max} + T_{a,min}}{2}$$

式中,T_{P} 为混凝土入模温度;$T_{a,max}$ 为浇筑与养护期间现场最高气温;$T_{a,min}$ 为浇筑与养护期间现场最低气温。

2)最高温度

该指标对混凝土内部由水化反应产生的最高温度进行限制。

$$T_{max} \leqslant \frac{T_{a,max} + T_{a,min}}{2} + [T_{d}] \qquad (T_{max} \leqslant 75℃)$$

式中，T_{max}为混凝土内部实时最高温度；$[T_d]$为允许降温量。

允许降温量指标是考虑环境温度变化提出的一种新型指标，主要针对外约束应力开展控制。从图 3-26的总体温度与外约束温度应力发展曲线可以看出，前期升温阶段，产生受压应力，但随着弹性模量的增长，后期降温产生的拉应力要显著大于前期的压应力，且随着较高的徐变作用产生，受压效应迅速衰减，后期随着温度的持续下降，受拉应力逐渐增大。

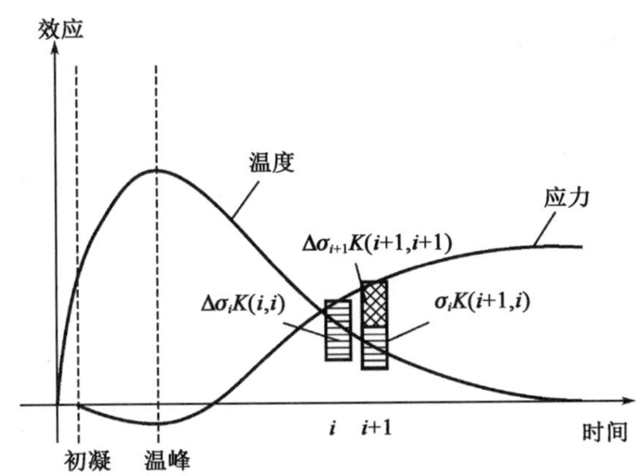

图 3-26 总体温度与外约束温度应力发展曲线

考虑到前期的受压应力最终残余量较小，故假定从最高温降低至稳定温度的降温量与受拉应力之间存在近似线性关系。降温量指标是对应力增长规律的一种客观反映，即拉应力最终值不仅与最高温起点有关，而且与降温终点有关，例如在夏季与冬季不能采用相同的最高温指标来控制。

此外，虽然拉应力与温度历程及徐变时程相关，表现出较高的复杂性，为指标的制定带来一定的困难，但是按照理想状态计算得到降温量的控制限值，对于现场控制仍有较大的控制意义。

3）降温速率

该指标为内部温度的单位时间下降速率指标，在整个降温期间，降温速率应根据结构形式、材料种类以及温度历程确定。

对于不同的桥塔形式，相同降温量产生的应力增量存在差异，例如，承台与桥塔首节的约束效应较大，而中间节段之间的相互约束效应则普遍较低。对于不同的材料，其抗拉强度或者强度增长的速率不同，允许的降温速率也就存在差异。温度历程方面，由于弹性模量持续增大，徐变效应逐渐减小，后期降温产生的拉应力要大于早期，因此前后期的容许降温速率并不相同，且受应力累计效应影响，前后期的降温速率存在密切的相关性。故降温速率指标需要根据具体情况予以确定。

4)混凝土表面与养护水温差

该指标针对松模后滴灌养护或者其他蓄水法制定,表面温度与养护水温温差在整个养护期内均应符合如下规定:

$$T_s - T_w \leqslant 15℃$$

式中,T_s为混凝土表面实时温度;T_w为外表养护水实时温度。

5)拆模表面与环境气温温差

该指标针对拆模的表面环境温差制定。

$$T_s - T_a \leqslant 15℃$$

式中,T_a 为环境实时气温。

6)内表温差

该指标针对实时内部最高温与表面温度差值制定,在无理论控制值的情况下,可用如下限值进行控制。

$$T_{max} - T_s \leqslant 25℃$$

7)混凝土与管冷入口水温度差

该指标针对内设管冷水温制定,对混凝土与管冷水温温差值进行规定。

$$T_{max} - T_{gi} \leqslant T_{max0} - T_{gi0} + 25℃$$

式中,T_{gi}为管冷入口水温;T_{max0}为混凝土初凝时内部最高温度;T_{gi0}为混凝土初凝时管冷入口水温。

8)水温温升

该指标针对管冷出口与入口水温温差制定。

$$T_{go} - T_{gi} \leqslant 10℃$$

式中,T_{go}为管冷出口水温。

3.3.3 指标示例

由于结构、材料以及控制策略方面的差异,部分指标需基于实际工程计算给出限值,以决定最高温指标的允许降温量指标计算方法。

1)中下塔柱的降温量控制标准

中下塔柱结构尺寸从下往上逐渐减小,选取高度分别为12.5m、77.99m、143.48m的截面计算允许降温量。计算的过程为,首先对无措施自然状态下的薄壁应力进行分析,然后不断削减降温量值进行计算,最终得到满足抗裂要求的降温量值。自然降温以及调整

降温量后的应力对比见图 3-27。

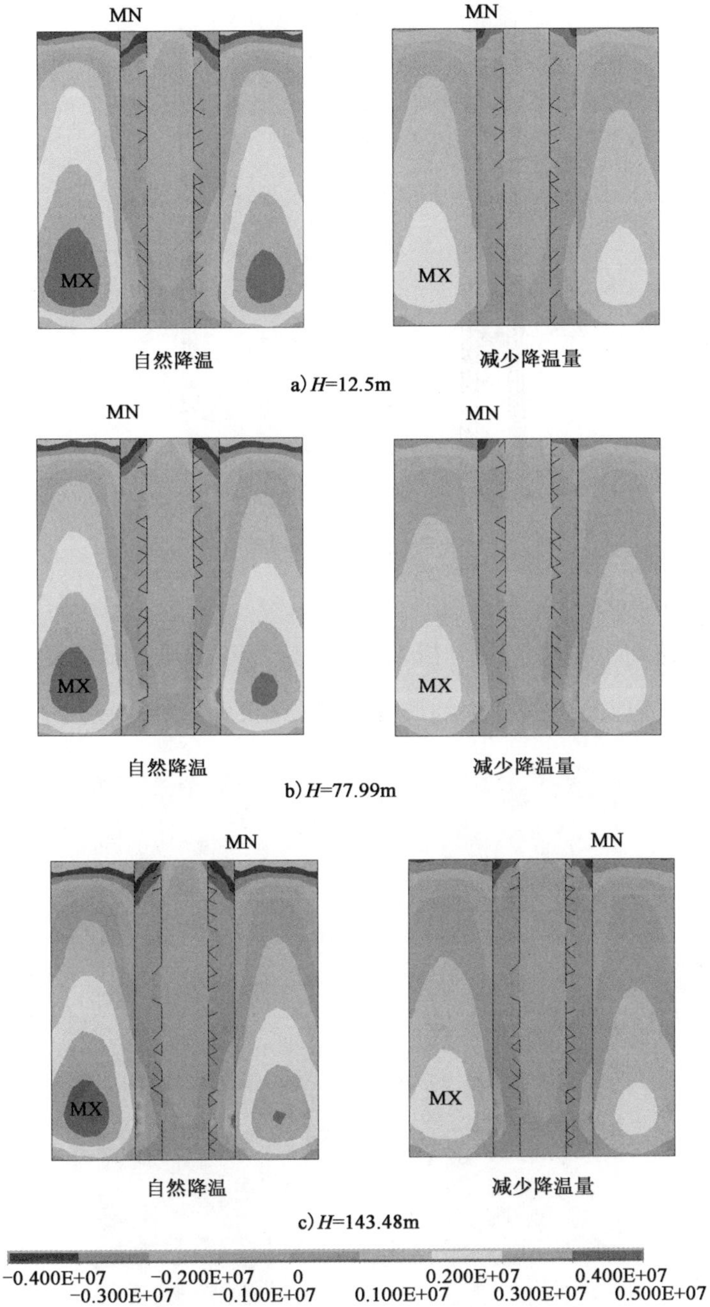

图 3-27 中下塔柱自然降温以及调整降温量后的应力对比(单位:Pa)

将优化所得的允许降温量随高度变化绘制于图 3-28,图中不采取降温措施的降温量为 52.4℃,容许的降温量则为 29～30.3℃。由结果可以看出,中下塔柱的控制标准变化不大,表明薄壁由下至上受到的外约束效应基本相同。

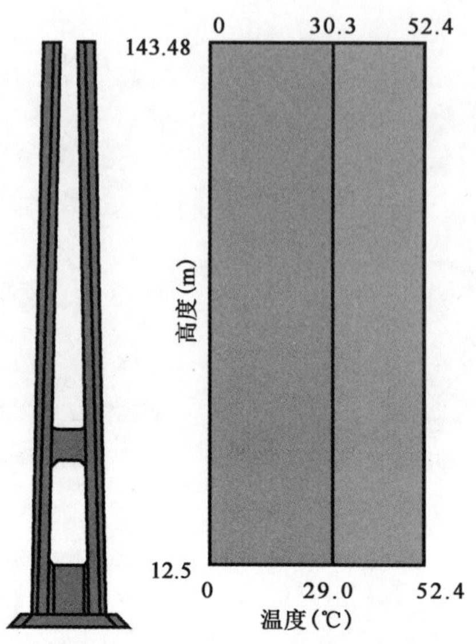

图 3-28 中下塔柱温度控制标准随高度变化图

2)上塔柱的降温量控制标准

采用相似的方法对上塔柱开展分析,从高度 179.95m 开始至高度 259.48m,分别取最下方截面、最上方截面以及中间截面的尺寸进行分析,计算结果见图 3-29。

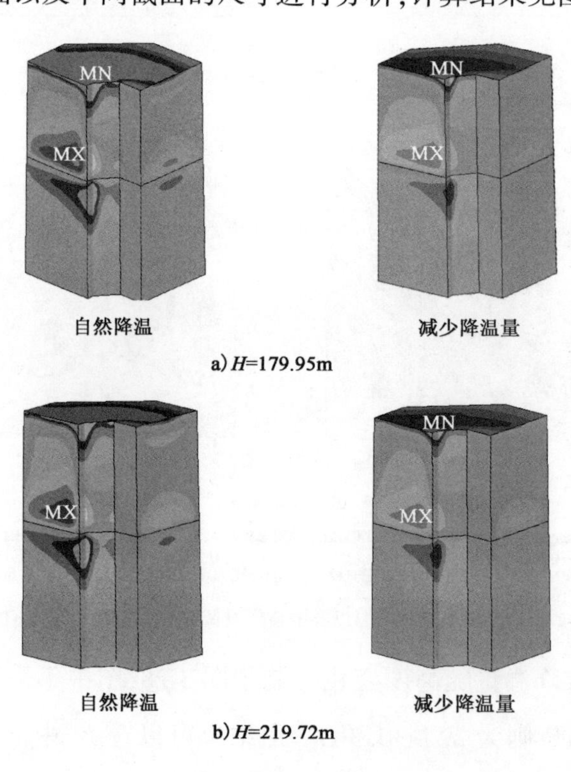

图 3-29

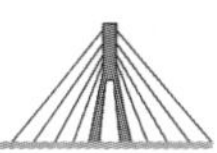

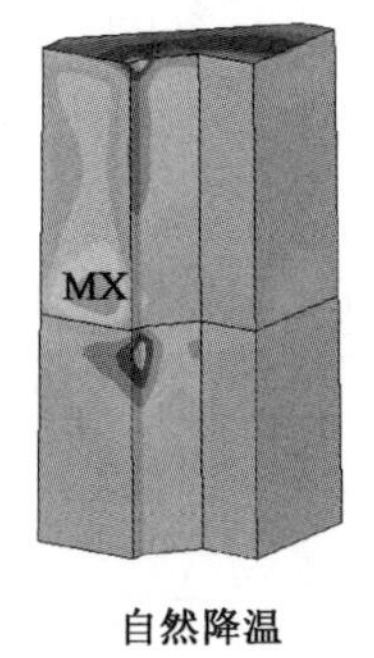

自然降温

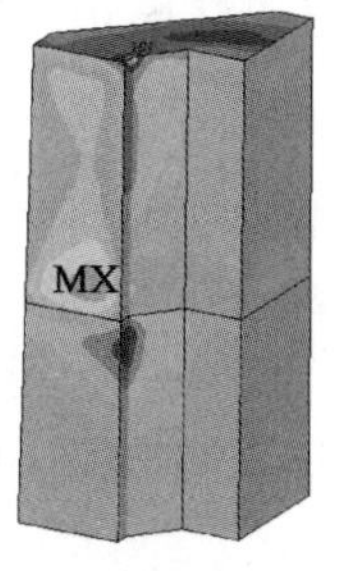

减少降温量

c) H=259.48m

−0.450E+07 −0.350E+07 −0.250E+07 −0.150E+07 −500000 500000 0.150E+07 0.250E+07 0.350E+07 0.450E+07

图 3-29 上塔柱自然降温以及调整降温量后的应力对比(单位:Pa)

将优化所得的允许降温量根据高度绘制于图3-30,图中不采取降温措施的降温量为59.0℃,容许的降温量则为40～52℃。由结果可以看出,随着上塔柱尺寸的逐渐缩小,指标的限值逐渐增大。

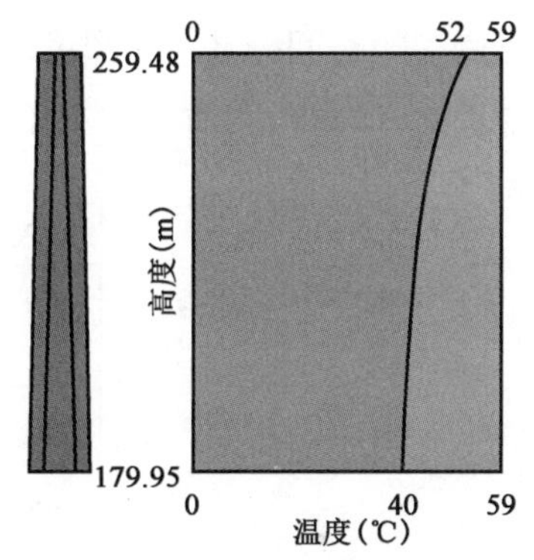

图 3-30 上塔柱温度控制标准随高度变化图

将计算所得的容许降温量带入3.3.2节的公式中,即可获得指标体系的具体的控制值。上述建立的指标体系及取值方法,可以实现对不同的结构、不同的材料以及不同的控制工艺的自适应。

3)降温速率的控制标准

加载龄期越晚,产生的应力效应就越显著,以残余应力与最大拉应力取值最小为目标对降温速率进行优化时,应尽量将降温集中在前期。

降温量值一般以日进行控制,若温度下降至环境温度历时 n 日,可将应力发展历程拓展至如下:

$$\begin{bmatrix} K(1,1) & 0 & 0 & \cdots & 0 \\ K(2,1) & K(2,2) & 0 & \cdots & 0 \\ K(3,1) & K(3,2) & K(3,3) & \cdots & 0 \\ \vdots & \vdots & \vdots & \vdots & \vdots \\ K(n,1) & K(n,2) & K(n,3) & \cdots & K(n,n) \end{bmatrix} \begin{bmatrix} \Delta\sigma_1 \\ \Delta\sigma_2 \\ \Delta\sigma_3 \\ \vdots \\ \Delta\sigma_n \end{bmatrix} = \begin{bmatrix} \sigma_1 \\ \sigma_2 \\ \sigma_3 \\ \vdots \\ \sigma_n \end{bmatrix}$$

$$\Delta\sigma_i = -\alpha D_{i-0.5} E_{i-0.5} (T_i - T_{i-1})$$

上述式中,σ_i 为第 i 日的累计温度应力;$\Delta\sigma_i$ 为第 i 日温度变化引起的应力增量;

$E_{i-0.5}$为第 i 日中间时刻的弹性模量；$D_{i-0.5}$为第 i 日中间时刻的约束系数；T_i 为第 i 日内部温度；$K(i,i)$取1.0。

日降温速率的控制上限为：

$$[\Delta\sigma_1] = f_{tk,1}, [\Delta\sigma_i] = f_{tk,i} - \sum_{j=1}^{i-1}[\Delta\sigma_j]K(i,j)$$

以此反推，可以获得日降温速率限值：

$$[\Delta T_1] = \frac{[\Delta\sigma_1]}{aD_{0.5}E_{0.5}}, \quad [\Delta T_i] = \frac{[\Delta\sigma_i]}{aD_{i-0.5}E_{i-0.5}}$$

式中，$[\Delta\sigma_i]$为第 i 日的容许应力增量；$f_{tk,i}$为第 i 日的容许抗拉强度；$[\Delta T_i]$为第 i 日的容许日降温速率。

以中下塔柱为例，经有限元计算得到的约束系数在0.5～0.6之间；经迭代计算得到最大降温速率随时间分布的曲线图，如图3-31所示，在该最大降温速率下，仅需要4d即可降低至环境温度，最终残余应力仅有1.6MPa。

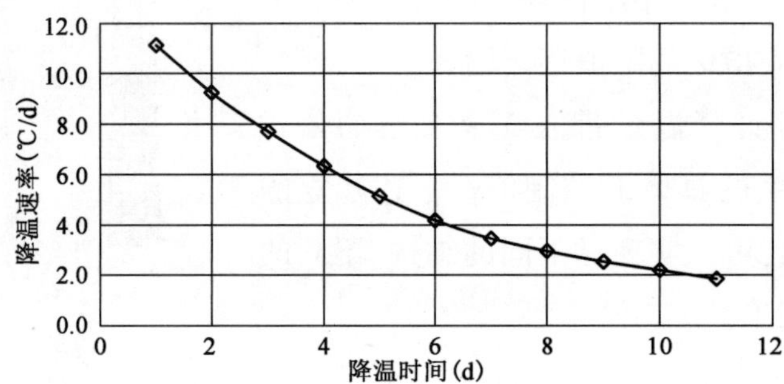

图3-31　最大降温速率随时间变化图

第 4 章　桥塔温度应力控制工艺

桥塔的温度应力控制难度较大，不仅体现在热力耦合分析的复杂上，更体现在工艺选取及现场控制上。对现行的温度应力控制工艺开展调研，分析在桥塔上的适用性，储备相关控制技术，然后考虑经济性指标、工期指标，建立了工艺选型与组合的策略，开发了温度应力的可控程度高、经济、便利的控制工艺体系。本章主要针对整体降温、表面滴灌防护以及桥塔的品质提升方法进行介绍。

4.1　整体降温工艺

降低整体温度是避免内部开裂的必要手段，也能够起到降低表面开裂风险的作用，归纳目前常用的整体降温工艺有配合比减热、入模减热、管冷降温等手段。以下对整体降温工艺类别及工艺效能分别进行介绍。

4.1.1　工艺类别

常用整体降温工艺包括：

(1)配合比减热

混凝土的配合比是影响混凝土水化热重要因素，其中水泥是产生热量的主要因素，优化配合比是在保证材料强度的基础上，通过减少水泥用量(使用水泥替代品)或使用热量较少的水泥，来减少混凝土的水化热。

胶凝材料的替代材料主要有粉煤灰及矿粉，其散发的热量仅有水泥的 1/3 ~ 1/2，还可以起到提高材料性能的作用。水泥种类上，强度越高的水泥水化热量也就越大，例如 P. Ⅱ型水泥热量约为 P. O 型水泥的 1.2 倍左右，目前市场上也有较多的中热或者低热水泥产品，一般要求中热水泥 7d 水化热量小于 293kJ/kg，低热水泥小于 260kJ/kg。降低水泥用量会带来强度终(极)值下降以及强度上升速率的下降，故需要综合考虑使用。式(4-1)为混凝土绝热温升计算公式。

$$T_{\mathrm{abs}} = \frac{\sum W_i q_i}{\rho c} \tag{4-1}$$

式中，T_{abs}为绝热温升（℃）；W_i 为第 i 种胶凝材料的单位体积混凝土用量（kg/m^3）；q_i 为第 i 种胶凝材料单位重量的水化热量（kJ/kg）；ρ 为混凝土密度（kg/m^3）；c 为比热容［kJ/（kg·℃）］。

（2）入模减热

混凝土为拌合材料，原材温度影响混凝土的入模温度，在拌和过程中保持热量平衡，根据相关规范资料，出机口温度可用式（4-2）进行计算。

$$T_0 = \frac{(0.2 + Q_s)W_sT_s + (0.2 + Q_g)W_gT_g + 0.2W_cT_c + (W_w - Q_sW_s - Q_gW_g)T_w}{0.2(W_s + W_g + W_c) + W_w} \tag{4-2}$$

式中，T_0为混凝土出机口温度（℃）；Q_s 为细集料的含水率，以质量百分比计入（%）；W_s 为每立方米混凝土中细集料的质量（kg/m^3）；T_s为细集料的温度（℃）；Q_g 为粗集料的含水率，以质量百分比计入（%）；W_g 为每立方米混凝土中粗集料的质量（kg/m^3）；T_g 为粗集料的温度（℃）；W_c 为每立方米混凝土中胶凝材料的质量（kg/m^3）；T_c为胶凝材料的温度（℃），取水泥和矿物掺合料温度的质量加权平均值；W_w为每立方米混凝土中水的质量（kg/m^3）；T_w为水的温度（℃）。

入模减热一般可用的措施有掺冰法，即将部分拌合水制作成冰屑，掺入以降低入模温度；也有部分重大工程采用了冷冻集料等预冷方式，较大幅度地降低了入模温度。除此之外，对运输过程以及浇筑过程进行热能隔绝，也是常用的入模减热手段。

（3）管冷降温

布置冷却管是常用的降温手段，由于大体积混凝土的内部热量难以散发，采用预埋管道散热具有较好的效果。水管的温度以及流量都是可调节的，因此管冷降温也是一种主动的控温方式，可以用于有复杂降温需求的工程。

相关规范以及研究都对管冷降温做了大量的说明，但对于工程实践来说，仍然偏向于按照经验方法取用管径与间距。以下对管冷降温中管径与间距的关系做理论验证。

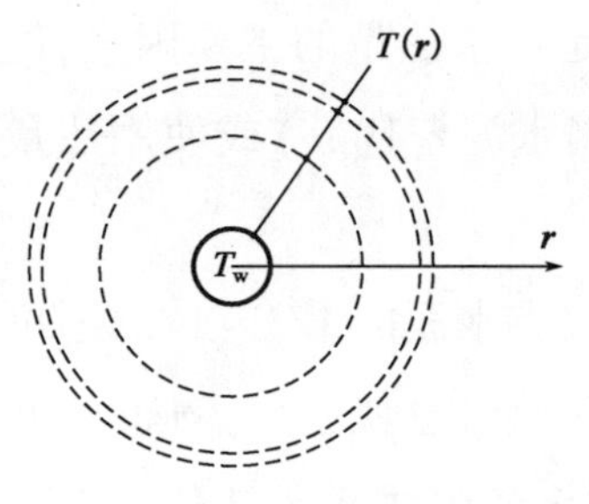

图4-1　管冷周围温度场示意图

管冷周围温度场如图 4-1 所示。

假定对于单根水管，通过任意 r 位置圆环的热流量相同，均等于管冷带走热量。管冷带走热量可按照式（4-3）计算：

$$q_w = 2\pi r_w h_w [T(r_w) - T_w] \tag{4-3}$$

式中，q_w为热流量；r_w为水管半径；h_w为水冷对流系数；T_w为水冷温度；$T(r)$为 r 位置的

混凝土温度。

根据传热学基本公式，任意 r 位置处混凝土向管冷方向径向流动热量为：

$$q_w = 2\pi rk\frac{dT}{dr} \tag{4-4}$$

式中，k 为混凝土导热系数，联立式(4-3)，可得：

$$r_w h_w[T(r_w) - T_w] = kr\frac{dT}{dr} \tag{4-5}$$

对式(4-5)进行积分：

$$\int_{r_w}^{r}\frac{r_w h_w[T(r_w) - T_w]}{k}\frac{dr}{r} = \int_{r_w}^{r}dT \tag{4-6}$$

最终求得：

$$T(r) = \frac{h_w[T(r_w) - T_w]}{\lambda}\ln\left(\frac{r}{r_w}\right)^{r_w} + T(r_w) \tag{4-7}$$

在导热系数、对流换热系数以及水冷温度确定的情况下，管壁混凝土以及水管周围混凝土之间的温度，与水管半径、水管中心距存在一定的对数比例关系，若定义温度比例系数 ψ：

$$\psi = \ln\left(\frac{r}{r_w}\right)^{r_w} \tag{4-8}$$

则不同管径、不同混凝土深度处温度比例系数取值如图 4-2 所示。

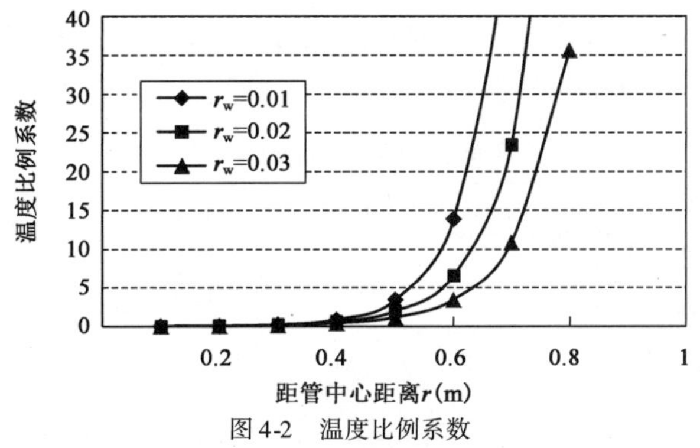

图 4-2　温度比例系数

可以看出，不同管径下水冷对 0.4m 周围内混凝土温度影响较大，之后出现分化，管径越小，对于与管中心距大于 0.4m 位置混凝土的温度影响就越小。其中，水管直径为 2cm (r_w = 0.01m) 与 4cm (r_w = 0.02m) 管冷的有效作用半径约在 0.4 ~ 0.6m，而管径 6cm (r_w = 0.03m) 有效作用半径则相差较小，在 0.5 ~ 0.8m。根据如上分析可以看出，管径在 2 ~ 4cm 的降温效果相差不大，在该管径下，最大间距可扩展至 1 ~ 1.4m。

4.1.2　工艺效能

结合工程应用以及理论计算，对各工艺的降温效果进行分析。

(1)配合比减热

考虑4种不同的掺和料配合比方案(表4-1),随着掺和料比例的增加,绝热温升逐渐下降,其中20%掺比情况下的绝热温升为62.5℃,40%掺比情况下的绝热温升为53.8~54.4℃,两者相比,温度降幅达到9℃左右。

配合比方案 表4-1

配合比	掺料比例(%)	材料	水化热率(kJ/kg)	用量(kg/m^3)	水化热总量(kJ)	密度(kg/m^3)	绝热温升(℃)
A-1配合比	30	水泥	350	336	139920	2500	58.3
		粉煤灰	155	96			
		矿粉		48			
A-2配合比	40	水泥	350	288	130560	2500	54.4
		粉煤灰	155	128			
		矿粉		64			
B-1配合比	20	水泥	350	380	150005	2500	62.5
		粉煤灰	179	95			
		矿粉		0			
B-2配合比	40	水泥	350	285	129200	2500	53.8
		粉煤灰	155	95			
		矿粉		95			

针对中下塔柱标准节,建立模型,分析4种配合比对最高温度的影响,计算中入模温度按照28℃选定,计算结果见表4-2。

不同配比的最高温计算结果 表4-2

对比配合比位置	掺料比例	配合比A-1	配合比A-2	配合比B-1	配合比B-2
	绝热温升(℃)	58.3	54.4	62.5	53.8
实心区	最高温度(℃)	77.0	73.5	80.6	73.5
	出现时间(d)	3.5	3.5	3.4	2.8
薄壁区	最高温度(℃)	70.4	67.4	72.9	66.7
	出现时间(d)	2.8	2.8	3.4	2.8

通过计算结果可以看出,绝热温升增加或减小的幅值与最高温度增加或减小的幅值相当。原则上选用掺合料越多的配合比,对于温度控制也就越有利。芜湖长江公路二桥桥塔施工时,综合考虑强度的需求,选取A-1配合比。

(2)入模减热

首先对原材预冷工艺的效率进行分析,不考虑集料含水问题,以A-1配合比,计算得到原材温度每下降1℃时出机口温度下降的幅度,见图4-3,可以看出,石子、砂子以及水的

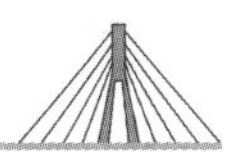

温度对混凝土出机口温度影响较大，在这些材料上采取降温措施，能够取得较好的效果。

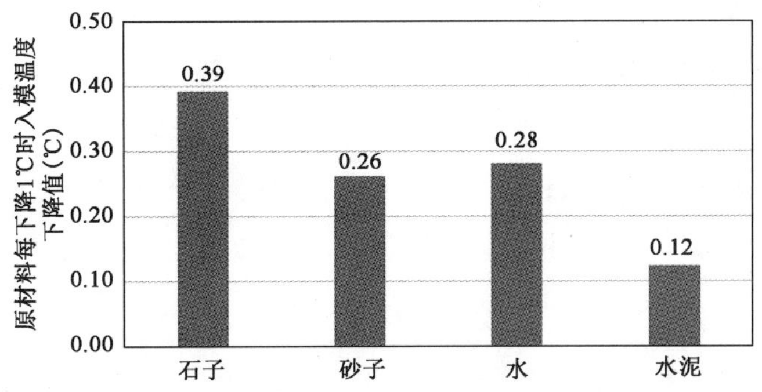

图4-3　原材料温度每下降1℃时入模温度下降值

其次，对掺冰影响进行分析。拌合水或者在拌和混凝土的时候掺加冰屑，是预冷混凝土最简易的方法，这是因为冰块溶解的过程中吸收大量的热量，约355kJ/kg，因此能够取得明显的冷却效果。以A-1配合比为例，将50kg水以冰屑形式添加，可降低8～10℃的入模温度。

最后，对拌和以及浇筑过程中与环境热交换进行分析，以《水运工程大体积混凝土温度裂缝控制技术规程》(JTS 202-1—2010)[3]提供的计算方法，考虑运输时间为30min，浇筑振捣时间为120min，泵送高度为100m，则入模温度与环境温度以及出机口温度的近似关系如下：

$$T_p = 1℃ + \frac{T_a}{2} + \frac{T_{po}}{2} \tag{4-9}$$

式中，T_p为入模温度；T_a为环境温度；T_{po}为出机口温度。

在出机口温度不变的情况下，考虑到昼夜温差有6～10℃，理论上避开白天，在夜间低温时段浇筑，入模温度可以降低4～6℃。

(3)管冷降温

以中下塔柱标准节为例，对管冷降温效果进行分析，管冷降温管布置间距按照1m计入，入模温度按25℃计入，则有无管冷措施的温度对比见表4-3。

有无管冷措施的温度对比　　表4-3

管冷措施	薄壁极值温升/出现时间	实心区极值温升/出现时间
无	71.4℃/2.7d	78.8℃/4.0d
有	64.5℃/2.1d	68.0℃/2.3d
差值	6.9℃/0.6d	10.8℃/1.7d

无管冷措施时实心区最高温升为78.8℃，出现在4.0d左右，薄壁最高温为71.4℃，出现在2.7d左右；增加管冷措施后实心区最高温为68.0℃，出现在2.3d左右，薄壁最高温

为64.5℃,出现在2.1d左右。管冷措施对最高温的削减作用约为7~10℃,温峰到达的时间也得以提前。

综上所述,采用配合比减热的方法,可以通过控制总体热量来降低整体温度,降温幅度在4~9℃;降低入模温度可以从原材料预冷、掺冰以及浇筑时机三个方面入手,掺冰以及控制浇筑时机的收益相对较大;管冷措施可以有效降低整体温度,且可以起到提前温峰的作用,有利于工期控制。

4.1.3 选型策略

考虑经济性以及工艺的效能,则工艺选型策略所用的指标可描述为:

$$\eta_i = \frac{T_i}{C_i} \tag{4-10}$$

式中,η_i为第i项措施的指标效能;T_i为第i项措施的降温量;C_i为第i项措施的综合费用。

对于指标内各项工艺优化,可以对比指标效能,确定最为有效的方法,如以芜湖长江公路二桥施工条件下入模温度以及管冷措施优化为例,计算各项措施经济指标,如图4-4所示。

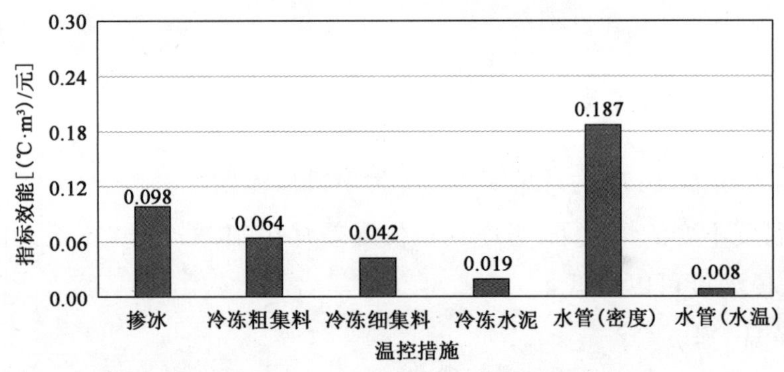

图4-4 各措施的效能对比

通过对比可以看出,对于控制入模温度,采用掺冰措施的效能最高;对于主动降温,采用增加水管密度的措施效能最高。可优先选择掺冰或者管冷的措施。

在单项指标优化时,部分情况下还应考虑单项措施的控制极限,例如加冰措施中掺冰量存在极限,冷冻集料与水泥也存在冷冻下限。根据已有研究及工程经验,以掺冰量60kg/m³计入,对入模温度最大降温约为9.4℃。以冷冻粗集料、细集料以及水泥温度下限-40℃计入,对入模温度最大降温分别为23.4℃、15.6℃与7.2℃。若效能最高的掺冰单项措施不能满足入模温度的控制要求,则应选择效能次之的冷冻粗集料措施,以实现对入

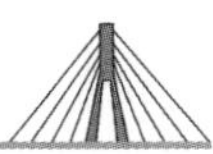

模温度的控制。

在单项指标不能满足控制要求的情况下，应遵循从效能最高指标向效能最低指标的顺序建立组合策略，以实现对温度的控制。

4.2　表面防护工艺

为了避免拆模后的冷激以及表面干缩效应，创新表面滴灌防护工艺以及温控小环境的方法，以下对其工艺及原理进行介绍。

4.2.1　表面滴灌工艺及设备

表面的温养滴灌工艺作用于温峰后、拆模前这个时段，加速表面降温，实现表面降温速率的可控，同时兼顾提高表面强度。滴灌设备由智能控温水箱、滴灌总管、滴灌支管等组成（图4-5）。

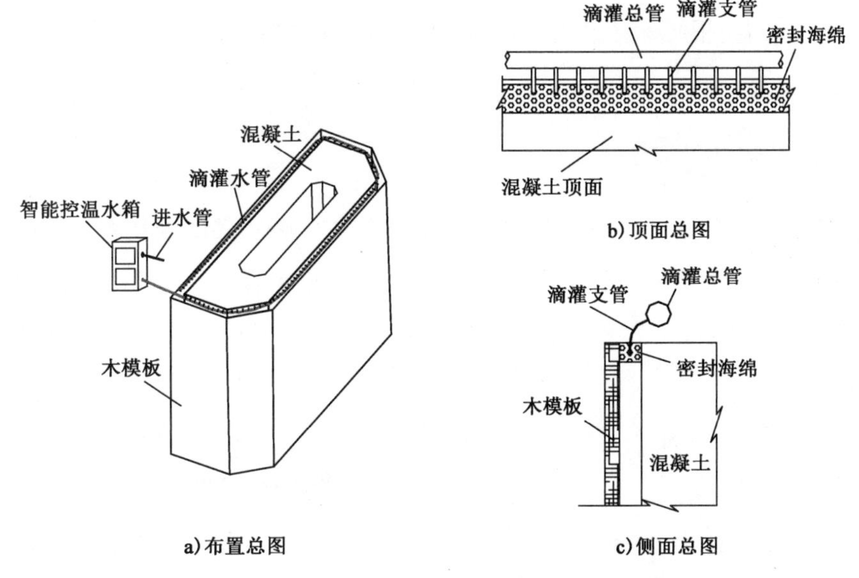

图4-5　滴灌设备布置

（1）智能控温水箱：内置加热装置，可将水加热至设定的温度，维持水温恒定状态，水箱布置在施工平台上。

（2）滴灌总管：滴灌总管为直径为3cm的橡胶管，橡胶管能够起到保温的效果，减少水温损失，滴灌总管一端连接控温水箱，另外一端封闭，绕桥塔节段外圈环绕一周，在桥塔尺寸较大时，可采用多根总管。

（3）滴灌支管：滴灌支管为细管，内径约2mm，由总管延伸出来，支管间距为5cm，在总管长度范围内均匀分布。

滴灌设备在不启用时放置在施工平台上,使用安装时,将模板体系顶口拉开 2cm 左右,底口保持顶紧状态,顶口通长范围内填塞海绵条,使内部成为封闭空间。

然后将滴灌总管沿海绵条放置,将支管插入海绵条中,启动水阀,使温水贯通整个总管以及各支管。由于采用重力流方式,应对各支管进行检查,确保水流贯通,在无法贯通的情况下可适当垫高水箱。

滴灌工艺作用于带模养护阶段。为减少带模工期,采用循环热水加速表面降温,使表面温度平缓过渡至模板拆除阶段。

通过采取滴灌措施可以控制水温与流量,实现表面温度的主动受控,适用于大体积混凝土的表面温度与应力的精确控制。由于其对表面有一定的补水作用,能够避免干缩裂缝,因此也适用于其他混凝土构件的表面养护。

滴灌措施需配备相关的温度监控设备,需对表面温度以及内部温度进行实时监测,为滴灌措施的始、终以及过程控制提供数据基础。在温峰后 0 ~ 12h,开始进行滴灌,滴灌开始时宜选择较高水温,根据表面温度的下降速率,调节水温与流量,然后逐渐降低水温,以实现均匀降温。

4.2.2 表面温控小环境方法

表面与环境热交换速率不仅与表环温差有关,也与风速有直接联系。《大体积混凝土施工规范》(GB 50496—2009)中仅对拆模时的温差进行规定,未考虑建筑高度的影响。由于桥梁塔柱具有显著的建筑高度,对流效应较大,采用单一指标体系可能存在较大偏差。

以日平均风速 2m/s 计入,计入地面粗糙度影响,可以得到桥塔各高度的风速与对流换热系数,保持热流密度不变,可以求得各节段的容许温差,见图 4-6。

从图 4-6 中可以看出,风速影响较为显著,塔下保持 15℃的温差时,塔上必须保持 11.7℃的温差,才能达到同样的温控效果。

为了消除高度影响,同时避免温度控制过程中的温差变动风险,提出温度控制小环境的概念。温度控制小环境包括围挡防风以及小环境温度两个方面的内容;一是,通过防风布围裹,形成密闭空间,从而保持全塔上下对流系数的一致,使得温差标准得以统一。二是,针对昼夜温差、骤然降温等,可以在密闭空间内通过提高空气的温度,隔绝外界温度的不利影响。温度控制小环境适用于各季节以及各不利气候条件,根据实际情况展开应用。

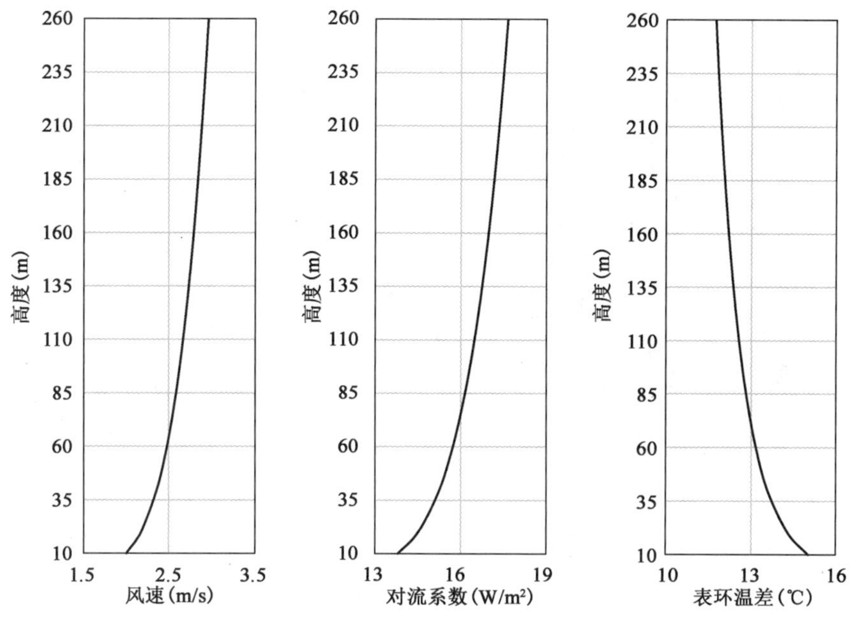

图 4-6 随高度变化的风速、对流系数与表环温差指标

4.2.3 应用示例

以中下塔柱为例,分别分析无表面防护和有表面防护对表面应力产生的影响,计算中计入管冷措施,于浇筑后第 4 日拆模、停止管冷,入模温度与环境温度均考虑为 28℃,计算得到无防护实心区剖面的温度,见图 4-7。

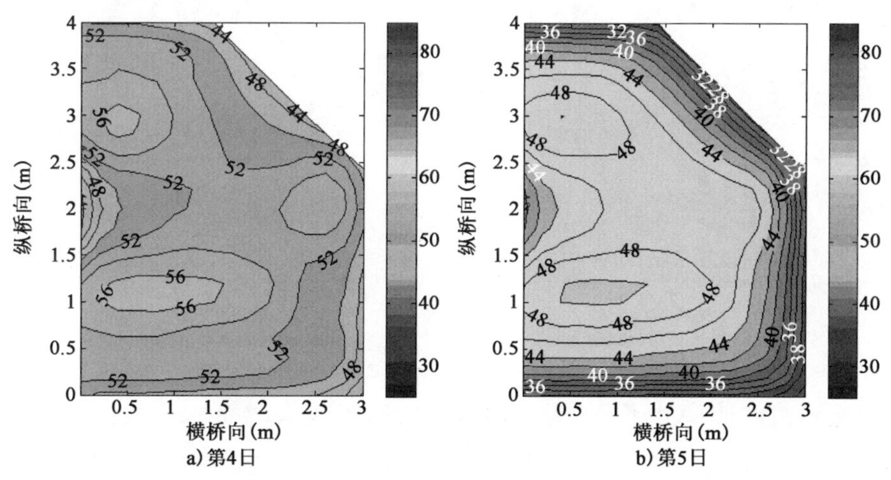

图 4-7 无防护实心区剖面温度(单位:℃)

可见拆模前后表面温度经历了急速下降的阶段,由 47℃ 下降至 27℃。

横向应力计算结果显示,在拆模前,表面维持较低的拉应力水平,约为 0.1 ~ 0.2MPa,第 4 日拆模后产生 1.6MPa 的拉应力;竖向应力与横向应力计算结果类似。第 5 日无防护实心区立面应力计算结果见图 4-8，较高的应力水平可能导致表面的龟裂现象。

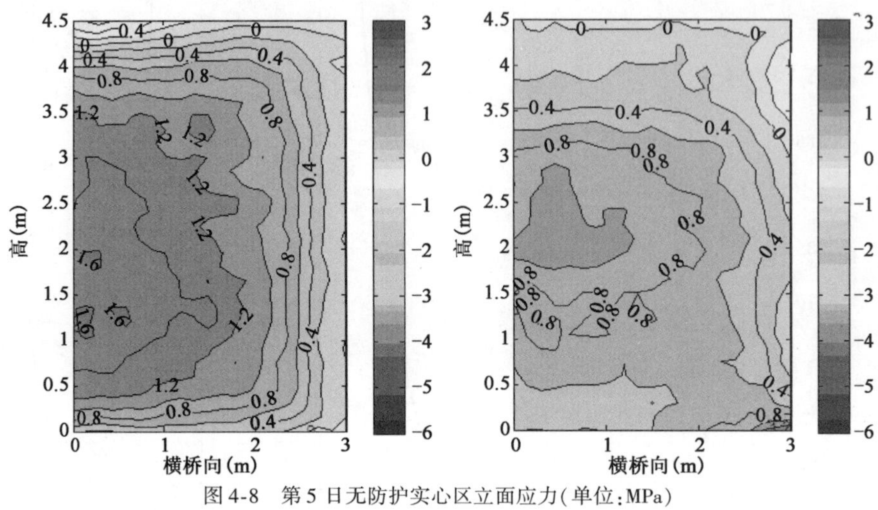

图 4-8　第 5 日无防护实心区立面应力（单位：MPa）

在温峰后增加滴灌措施，主动对表面进行冷却，以避免拆模冷激效应，分别设置不同的流量，控制表面等效对流系数分别为 $4W/m^2$ 与 $6\ W/m^2$，并考虑拆模后隔离形成温控小环境，计算得到表面应力的变化历程见图 4-9，可见最大应力分别为 1.2MPa 与 0.9MPa，小于无防护措施的应力值。

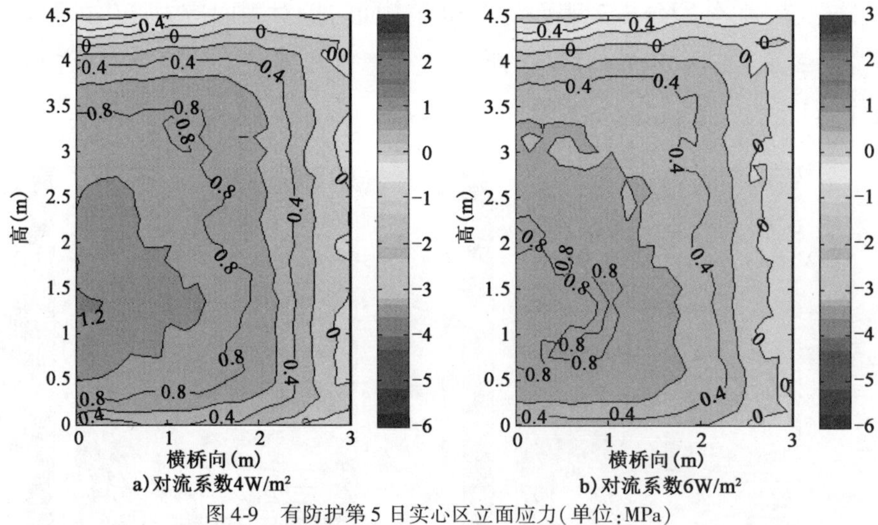

图 4-9　有防护第 5 日实心区立面应力（单位：MPa）

当然滴灌对流的速率并不意味着越大越好，速率较大时意味着表面提前经历了冷激效应，因此应控制对流系数在合理的范围内，最终采用的控制参数见表 4-4。

表面防护措施的控制指标　　表 4-4

指标	开始时机	结束时机	热流密度	表面与水温温差	流量
控制值	温峰后 0～12h 内	表面与大气温差 ≤15℃	$\leq 4W/m^2$	开始时，≤10℃；1d 后，≤15℃	$0.12L/(min \cdot m^2)$

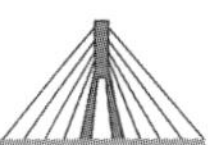

4.3　应力控制工艺

4.3.1　工艺介绍

裂缝控制本质上是对应力开展控制，在部分强约束区受拉效应显著，通过控制温度的方法可能难以满足应力的控制要求，故提出了断缝方法对应力开展控制。

强约束区是指先后浇筑的两节构件刚度出现下降突变的区域，在桥梁塔柱中主要存在于承台与桥塔首节、实心节段与空心节段等连接部位。此外，在这些节段中主要关注薄壁构件。强约束区示意图如图4-10所示。

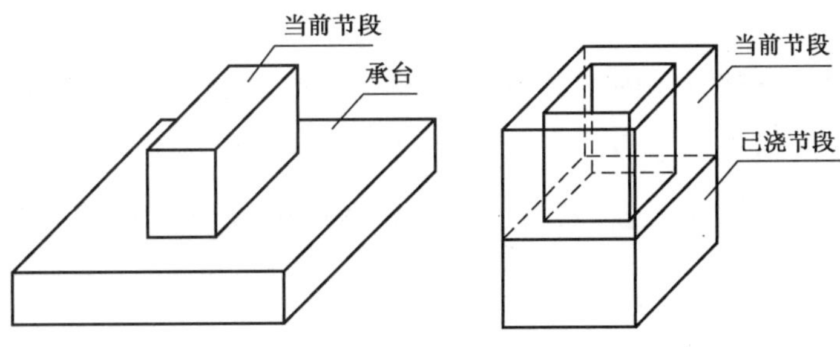

图4-10　强约束区示意图

常规情况下设置一道断缝，即可取得显著的效果；设置两道断缝，能够进一步降低开裂水平，但会增加施工难度。断缝可以用预留后浇带的方式实现，应注意不得切断主受力钢筋，采用金属网片的方法，可以起到隔开混凝土的作用，在控制主体的温度充分下降后，再浇筑预留的后浇带。

4.3.2　应用示例

与承台连接的桥塔首节为典型的强约束区，对其开展理论计算，对断缝效果进行验证，分别计算无断缝、一道断缝以及两道断缝的影响，断缝方式见图4-11。

设置断缝对温度无影响，图4-12仅示出应力计算结果。在无断缝的情况下，薄壁横联出现了全断面受拉的现象，容易产生全断面裂缝；在居中断缝的情况下，最大应力出现在与塔座结合面区域，高分布范围大大缩小；在两端断缝的情况下，最大应力出现在居中与塔座结合面的区域，高应力分布的范围大小与居中断缝工况相似。

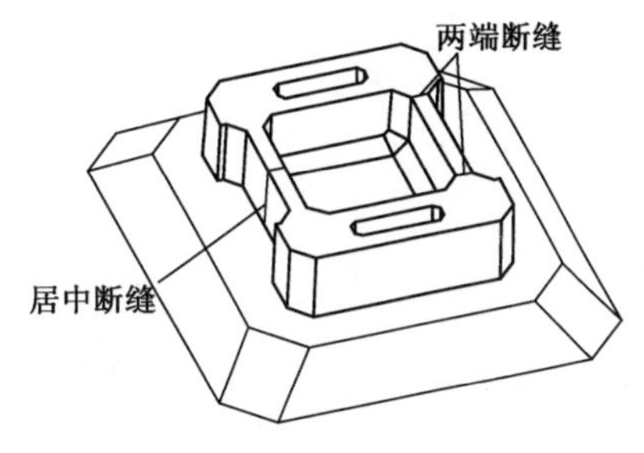

图4-11　断缝方式

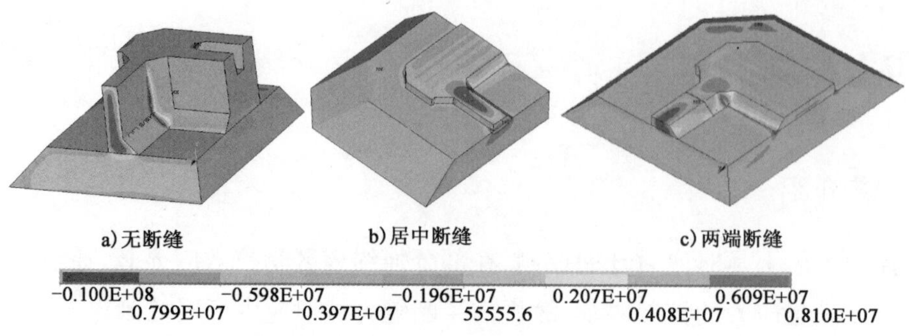

图 4-12　无断缝与断缝对应应力(单位:Pa)

4.4　桥塔建造的标准工艺体系

桥塔温度裂缝的直接影响因素为温度与混凝土质量,而导致温度以及质量失控的直接原因为各项工艺的粗犷实施或缺乏管理。为保障桥塔施工的严格实施,开发了包含温度以及其他细节控制的标准工艺,其对于其他桥塔的实施也具有较高的参考意义。以下对该技术成果进行介绍。

4.4.1　品质提升策略

工程品质提升体系化技术尚处于探索阶段,芜湖长江公路二桥桥塔建造过程中面临质量管控方面的挑战。为提升芜湖长江公路二桥的品质,在结构设计、施工工艺上都做了大量的创新工作,这些创新使得管控的要点、管控的内容以及管控的方式发生了极大的改变,对管理层及管理方法提出了更高的要求。

品质提升的策略架构如图 4-13 所示。

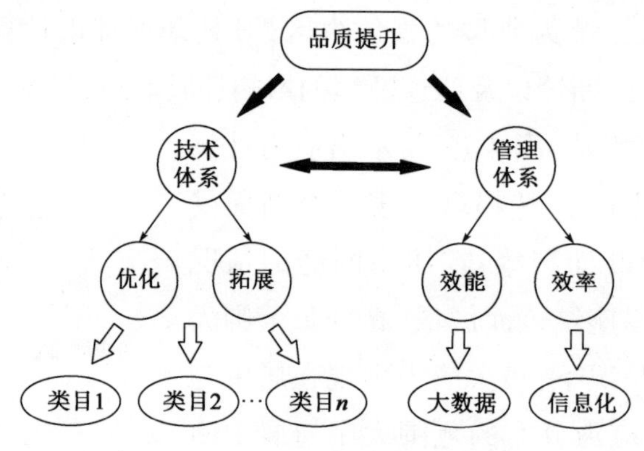

图 4-13　品质提升的策略架构

新的建设要求不仅需要对现有技术经验中的各项指标进行控制，还需要补充更为细致的控制内容，按传统方式管控内容细致化无疑加大了现场的工作量。桥塔施工层次较多、内容广泛，呈现高度的碎片化，需充分结合质量控制需求，对施工及控制手段进行精细化解构，形成标准化工艺，针对工艺指标建立体系化的管控方法。

施工精细化包含精细与标准两个内涵，精细是指将各分项工程中各道工序及检验进行精确划分，标准是指建立一整套工序体系、控制指标与检验方法。

芜湖长江公路二桥桥塔施工中，将工序细分为钢筋制作、钢筋安装、预埋件工程、外模板工程、内模板工程、混凝土工程、温控工程、爬模系统以及其他工程共 9 项工程［图 4-14a)］，这些工程既包含普通桥塔工程类目，也包含创新的温控工程。

以钢筋制作为例，将工序精细划分为主钢筋切断、丝头加工、丝头打磨、接头检验、箍筋下料编辑、箍筋数控加工、箍筋编号、分区存放和钢筋运输共 9 道工序［图 4-14b)］，并对每项工序提出控制要求，通过强化路径的方式，使各单位的管理人员、实施人员逐渐形成固化的施工、管理及控制技术，以贯彻实施各项指标。

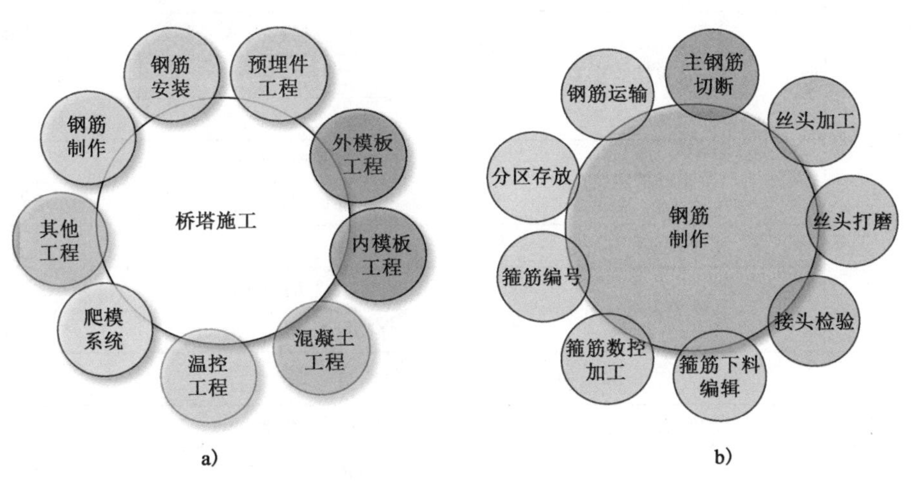

图 4-14　工序拆解示意图

4.4.2　标准工艺的建立

基于精细化与标准化的解构，将桥塔施工的各项工程工序细分为 75 道，建立标准化的施工流程，并对其中工序流程提出指标要求。标准的建立一方面参考规范要求，另一方面则基于现有技术程度的调研，进行指标的增加或者优化，表 4-5 ~ 表 4-13 列出了 75 道工序及相应指标，该标准化体系基本上覆盖了桥塔施工的各个环节，其中严于规范的控制指标有 19 个，新增控制指标 12 个，为高塔施工技术进步提供参考。

钢筋制作标准工序表 表4-5

序号	分项工程	工序流程	关键指标	控制标准
1	钢筋制作	主钢筋切端	—	—
2		丝头加工	—	—
3		丝头打磨	—	—
4		滚轧直螺纹钢筋接头半成品检验	—	—
5		箍筋下料单编制及程序输入	—	—
6		箍筋的数控机弯曲成型	受力钢筋顺长度方向加工后的全长	±10mm
			箍筋各部分加工尺寸	±5mm
7		箍筋的编号	—	—
8		箍筋的分区存放	—	—
9		半成品钢筋的运输	—	—

钢筋安装标准工序表 表4-6

序号	分项工程	工序流程	关键指标	控制标准
1	钢筋安装	劲性骨架的安装、定位	—	—
2		钢筋控制点定位	—	—
3		滚轧直螺纹的连接	钢筋连接接头	Ⅰ级
			主钢筋接头	不大于50%
			主钢筋丝接头	外露丝牙不大于2丝
4		主钢筋的定位	工前保护层合格率	100%
			工后保护层合格率	90%
5		水平钢筋的定位	—	—
6		水平钢筋的绑扎	箍筋、水平钢筋间距	±10mm
			绑扎钢筋网眼尺寸	±10mm

外模板工程标准工序表 表4-7

序号	分项工程	工序流程	关键指标	控制标准
1	外模板工程	大面木模板的制作	外侧木质面板	不小于22mm
			模板的长度和宽度	±5mm
			木板间的拼缝宽度	1mm
			木板间的拼缝高差	1mm
			平板模板表面最大的局部不平整度	2mm
2		倒角钢架模板的制作	—	—
3		模板的收分、改制及修整	—	—
4		节段接缝处的界面处理	—	—
5		模板的清理	—	—
6		脱模剂的涂刷	—	—
7		模板的吊装	—	—

续上表

序号	分项工程	工序流程	关键指标	控制标准
8	外模板工程	底口模板的定位	—	—
9		顶口模板的定位	模板高程	±10mm
			模板尺寸	±10mm
			轴线偏差	10mm
			模板相邻两板表面高低差	1mm
			模板表面平整度	3mm
			预留孔洞中心线位置	10mm
			预留孔洞截面内部尺寸	+10mm,0
10		角模板的定位	—	—
11		拉杆的制作、安装及紧固	—	—
12		松模	—	—
13		拆模	—	—

内模板工程标准工序表　　表4-8

序号	分项工程	工序流程	关键指标	控制标准
1	内模板工程	钢模板的加工制作	—	—
2		模板的收分及改制	—	—
3		模板的清理	—	—
4		脱模剂的涂刷	—	—
5		底口模板的定位	—	—
6		顶口模板的定位	—	—

混凝土工程标准工序表　　表4-9

序号	分项工程	工序流程	关键指标	控制标准
1	混凝土工程	原材料进场检验及验收	—	—
2		砂过筛	—	—
3		碎石水洗	—	—
4		拌合工厂内拌制	水泥、掺合料	±1%
			粗、细集料	±1.5%
			水、外加剂	±1%
5		运输	—	—
6		泵送	—	—
7		分层布料	混凝土分层浇筑厚度(mm)	≤300mm
8		振捣	—	—
9		顶面的复振	—	—
10		顶面的收浆	—	—
11		常规蓄水养护	—	—

续上表

序号	分项工程	工序流程	关键指标	控制标准
12	混凝土工程	凿毛及清理	—	—
13		混凝土外侧面的清理	—	—
14		混凝土外侧面养护液涂刷	—	—
15		拉杆孔工装修补	—	—

温控工程标准工序表 表 4-10

序号	分项工程	工序流程	关键指标	控制标准
1	温控工程	原材料温度的监测	夏季粗集料温度	≤18℃
2		拌合水的强制降温	—	—
3		冰片的制备	—	—
4		冰片投料	—	—
5		入模温度的监测	混凝土浇筑前温度	5～28℃
			混凝土入模温度	5～28℃
6		冷却水管的布设	—	—
7		测温元件的布设	—	—
8		冷却水循环及水温监测	新旧混凝土层间温差	≤20℃
			最大温升速率	≤2℃/h
9		数据的采集、发布、预警及反馈	通水流量	单根水管流量不小于 20L/min
			进出口水温差	水温大于 5℃且不间断通水或≤10℃
			入水与混凝土温差	≤10℃
			降温速率	≤4.0℃/d
			内部温升峰值	小于环境平均温度+45℃且不大于 70℃
			内表温差	≤25℃
			表环温差	≤15℃
			蓄水与混凝土顶面温差	－10～10℃
			喷淋养护水与表面温差	≤15℃
			混凝土侧面温差	
			拆模表环温差	≤15℃
			保温覆盖拆除表环温差	≤5℃
10		混凝土 48h 龄期，强度不低于 20MPa，松模，温水滴灌	—	—
11		混凝土 96h 龄期，强度不低于 30MPa，表环及内外温差满足要求，允许拆模	—	—

续上表

序号	分项工程	工 序 流 程	关 键 指 标	控 制 标 准
12	温控工程	当天气温最高时段拆模，且当晚营造小环境，确保温差不超标	—	—

预埋件工程标准工序表　　表 4-11

序号	分项工程	工 序 流 程	关 键 指 标	控 制 标 准
1	预埋件工程	预埋件的制作	—	—
2		镀锌等重涂装	—	—
3		位置偏差检查验收	预埋件中心线位置	3mm
4		与塔柱表面界面验收与处理	—	—

爬模系统标准工序表　　表 4-12

序号	分项工程	工 序 流 程	关 键 指 标	控 制 标 准
1	爬模系统	爬锥的定位及安装	—	—
2		挂板的安装	—	—
3		轨道爬升	—	—
4		安全绳安装	—	—
5		爬架爬升	—	—
6		安全销的恢复	—	—
7		下支撑杆恢复	—	—

其他工程标准工序表　　表 4-13

序号	分项工程	工 序 流 程	关 键 指 标	控 制 标 准
1	其他工程	检测单位、监控单位对每节段各项检测数据的采集及归档	混凝土强度	在合格标准内
			塔柱底偏位	±5mm
			横梁轴线偏位	±5mm
			塔顶高程	±10mm
			横梁顶面高程	±10mm
			节间错台	2mm
			大面平整度	3mm
			外轮廓尺寸	±10mm
			裂纹宽度	不大于 0.1mm
			总体倾斜度	1/3000 塔高，且不大于 20mm
			节段倾斜度	1/1000 节段高，且不大于 8mm
			拉索锚固点高程	±10mm
2		截流水槽及截水埂安装及拆除	—	—
3		每节段拆模后的验收及总结	—	—

第 5 章　桥塔温度应力监控体系

桥塔施工过程中环境条件较为复杂,且工艺本身存在不稳定的风险,温度裂缝控制的难度较大,需要开展相应的测试以及即时分析工作,及时预警不良环境、调控工艺措施,以保障桥塔的施工品质。本章结合桥塔温度应力控制的特点,介绍相应的监控流程、监控系统以及数据分析方法。

5.1　监控基本体系

通过明确监控的目的,确定监控过程的工作方式、工作流程,为后续软硬件架构提供基础。

5.1.1　监控目的

温度监控是通过测温或者测力获取关键响应数据,以即时数据分析预警异常,提出工艺调控的方案,最终实现被控结构的应力状态全程可控的一种技术手段。根据定义,监控的最终目的是实现应力状态的全程可控,其包含三层含义:

1)应力控制不等同于避免裂缝产生

一方面,根据 3.2.1 节对规范的调研,施工阶段混凝土裂缝控制多以缝宽进行限制,未提出无开裂的控制要求;另一方面,结构冷却至环境稳定温度后,内部仍积蓄部分残余应力,使用阶段或引发结构性能问题,可能提出残余应力的控制需求。

实际上提出了多种结构性能需求,包括裂缝宽度、裂缝数量以及残余应力三类指标,然而从控制的角度出发,最终都将反映到应力指标上。

2)温度控制仅是手段,应力控制才是目标

鉴于应力与温度之间的复杂关联性,固定的温度指标仅可作为参考控制手段。实际温度不完全遵从方案阶段的变化规律,会导致应力时程发生改变。例如,某些指标在某时刻的超出,并不代表会产生过大的应力,而某些速率指标长期低于控制值,也可能导致应力积蓄,进而引发开裂现象。因此监控内容本质上应回归到应力上,只能将温度控制作为一种实现手段。

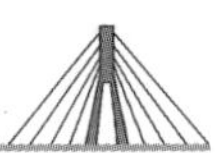

3)具有即时性与全程控制的需求

结合前两点的分析,监控要聚焦在施工与使用两个阶段,并且需要对温度历程进行实时把握,以评估当前状态、预测下一阶段,提出控制的方向,具有即时性和全程控制的需求。

5.1.2　监控流程

为保障监控过程的顺利实施,实现监控的最终目的,需要规划标准的监控流程,并明确各参建单位的分工。

应委托具有丰富监控经验的单位开展监控工作,监控工作包括内业方案、安装传感器、测试入模温度、测试温度/应力、提出温控建议等方面,流程见图5-1。

上述内容除监控单位以及施工单位作为执行主体外,尚需要建设单位以及监理单位执行管理工作。各单位工作内容建议如下:①建设单位监督各单位执行情况;②监理单位协助数据分析,下发温控措施指令;③监控单位对温度进行监测,预警异常,建议温控指令,提供必要的报表;④施工单位根据指令要求调整温控措施,并保障现场相关设备的正常运转。各单位监控工作分工见图5-2。

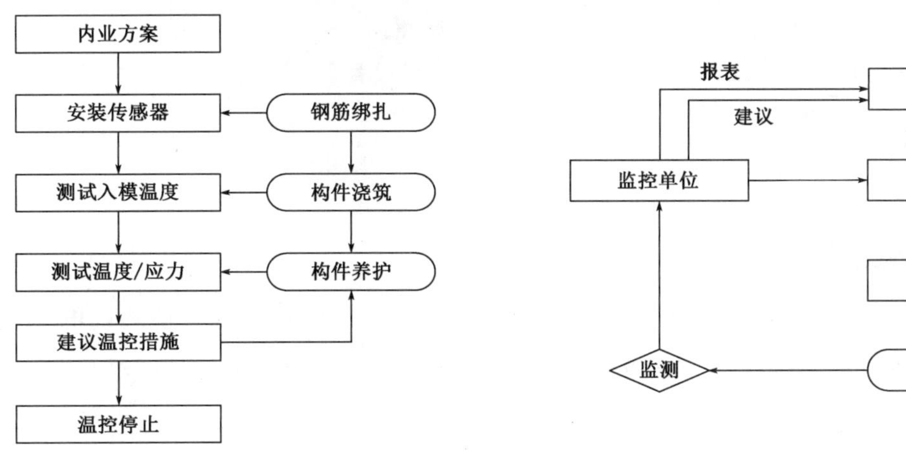

图5-1　监控流程

图5-2　监控工作分工图

5.2　监控系统

根据监测关注的内容,布置包括测点以及设备的监测系统。以下结合案例介绍监控系统的布设方法。

5.2.1 传感器布置

温度传感器用于采集结构温度场、小环境温度、大气温度以及管冷水温等。

1)结构温度测试传感器

为全面反映桥塔结构的温度场分布与变化特性,测点需要覆盖内部、表面并且有足够的分布密度。在前期可采用密布测点的方式,对工艺控制的稳定性进行校验,后期则可以采用"抽查式"的布置方法。由于表面开裂风险较高,可在表面布置相对较密的温度传感器。

图5-3给出了芜湖长江公路二桥中下塔柱与上塔柱温度传感器布置的示意图。中下塔柱在实心区域以及薄壁区域的内部布置传感器,在实心区域的3个外表面上布置传感器。上塔柱在内部及表面随机位置布置了传感器。

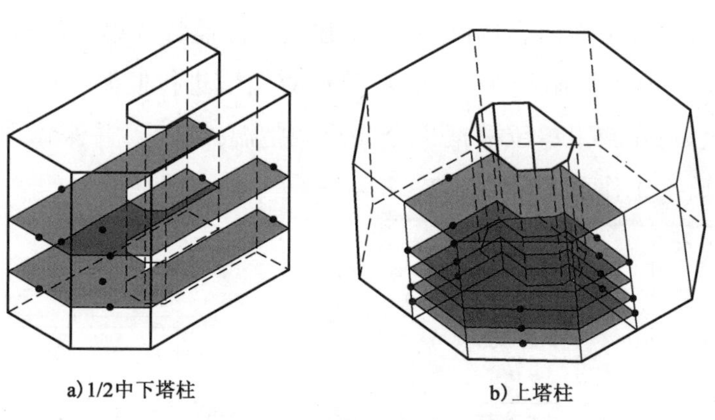

图5-3 塔柱温度传感器布置示意图

2)小环境温度

采用围裹以及在围裹内增加加热装置,相当于增加了一个过渡至自然环境的小环境。为检验围裹的密闭性或者加热装置的功率,对小环境温度进行测试,将测试结果与表面降温相互校验,可以发现工艺上存在的问题。小环境温度可采取随机布设温度传感器进行抽查,一般以随机布设1~2个温度传感器为宜。

3)大气温度

采集大气温度可以起到校验小环境温度以及预测环境温度变化趋势的作用,一般设置1个温度传感器采集遮阳温度。

4)管冷水温

采集管冷水温,可以对水温以及进出水口的温差进行校验,一般可选择最长的水管进行测试,布置2个温度传感器即可。

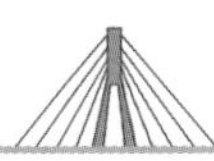

除此之外,传感器的布置需要考虑恶劣施工环境产生的失效风险,对内部等关键位置进行加密;传感器及缆线应安装在钢筋下方,并注意将金属头与钢筋之间做绝缘处理;缆线应集中走线,并设警示标志,避免施工中损伤缆线。

5.2.2　设备选型

传感器设备的选型,除兼顾通道数量、测试精度的要求外,还需要考虑即时分析的要求。采用具有无线传输功能的采集模块,可以避免人工上桥采集数据,实现全天候值守与即时控制。

无线传输系统如图5-4所示。

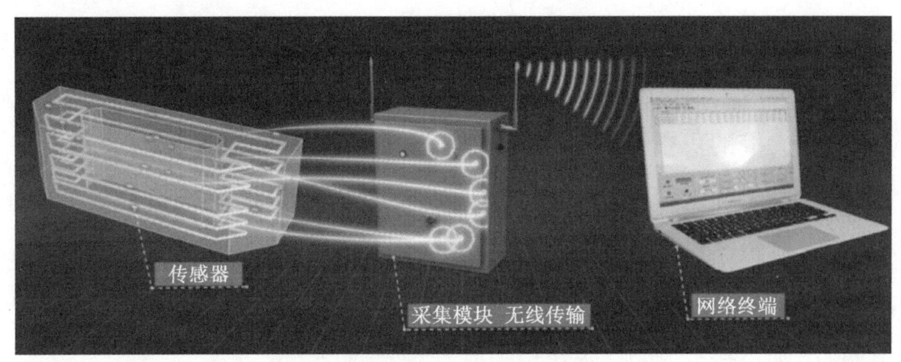

图5-4　无线传输系统图

目前采集模块集成的无线传输设备有两种,分别基于无线电以及GPRS。无线电技术适用于桥塔建造高度较高、数据采集地离工程现场较近的情况,由于平地上存在建筑物遮挡,信号传递可能受到干扰;GPRS技术的适用范围相对较广泛。可根据实际工程情况进行选用。

5.3　即时分析与动态控制系统

基于实时监测温度数据,分析当前应力状态,预测下一阶段应力变化趋势,并及时开展主动控制,是自适应控制理论中的重要环节,也是监控执行的主体环节。本节以理论推导结合有限元方法,建立桥塔的动态预测与主动控制技术。

5.3.1　动态控制方法

对于具有平稳降温历程的简单结构,外约束应力及自约束应力的发展规律比较明确,见图5-5。

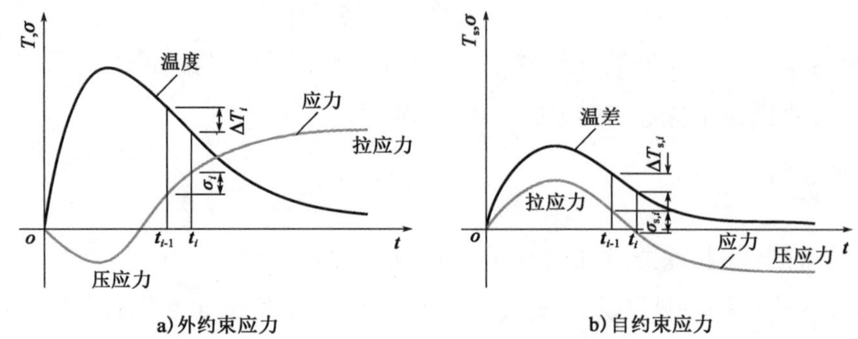

a）外约束应力　　　　b）自约束应力

图 5-5　温度与应力发展规律

外约束应力与整体温度有关,前期表现为压应力,后期表现为拉应力。控制外约束应力的关键在于降温阶段,关注指标为降温速率指标。水工结构一般关注早期抗拉强度不足,对日降温上限加以控制。桥梁结构降温量级大,若将降温集中在弹性模量较大的后期,温度应力存在失控的可能性。

针对该情况,提出优化降温历程的方法。该方法首先以前期抗拉强度为限值,求得最大降温速率,其对应最小的后期残余应力;其次,以后期抗拉强度为限值,求得最小降温速率。若当前阶段速率介于两者之间,则接受预测,并对后续速率指标进行更新;若当前阶段速率超出两者,则不接受预测,展开相关降速或提速方法。

自约束应力与温差有关,对于稳定降温结构,前期表现为拉应力,后期表现为压应力,主控阶段在于前期,避免产生过大的里表温差。实际控制更为关注环境突变引起的非均匀降温,由偶然大风以及拆除模板引发。温差效应由时程累计以及瞬时效应两部分组成,里表温差指标不容易采用定值表达。自约束应力的动态预测更多体现在对突发降温的识别上,并对突发降温引起的应力状态进行评估,以此制定相关保温措施。

5.3.2　动态指标计算方法

对 2.3.2 节中所示的简单体系的指标优化方法进行推导,并对复杂体系的指标试算方法进行介绍。

1)简单体系内部降温速率指标

时间划分为 n 个时间段,则应力发展的基本公式为:

$$\sigma_t = \sum_{i=1}^{n} K(t_n,\bar{t_i})\Delta\sigma_i \tag{5-1}$$

应力增量计算如下:

$$\Delta\sigma_i = -\alpha R E_{\bar{t_i}}(T_i - T_{i-1}) \tag{5-2}$$

$$\bar{t}_i = \frac{t_i + t_{i-1}}{2} \tag{5-3}$$

式中，σ_t 为第 i 时间段的累计温度应力；$\Delta\sigma_i$ 为第 i 时间段温度变化引起的应力增量；$K(t_n,\bar{t}_i)$ 为 $\bar{t}_i$ 时刻加载至 t_n 时刻的松弛系数；$E_{\bar{t}_i}$ 为 $\bar{t}_i$ 时刻的弹性模量；T_i 为第 i 时间段内部温度；R 为约束系数；α 为线膨胀系数；$\bar{t}_i$ 为第 i 时间段中间时刻。

降温期结构逐渐产生拉应力，若第 d 时刻进入降温期，则根据抗拉强度可计算出 $d \sim d+1$ 时间段的容许应力增量：

$$[\Delta\sigma_{d+1,\max}] = \frac{f_{\mathrm{tk},d+1} - \sum_{j=1}^{d} K(t_{d+1},\bar{t}_j)\Delta\sigma_j}{K(t_{d+1},\bar{t}_{d+1})} \tag{5-4}$$

以此类推，后续时刻的容许应力增量为：

$$[\Delta\sigma_{i,\max}] = \{f_{\mathrm{tk},i} - \sum_{j=d+1}^{i-1} K(t_i,\bar{t}_j)[\Delta\sigma_{j,\max}] - \sum_{j=1}^{d} K(t_i,\bar{t}_j)\Delta\sigma_j\} / K(t_i,\bar{t}_i) \tag{5-5}$$

式中，$[\Delta\sigma_{i,\max}]$ 为第 i 时间段的容许应力增量；$f_{\mathrm{tk},i}$ 为第 i 时刻的容许抗拉强度。

以容许应力增量上限对应降温上限，得到：

$$[\Delta T_{i,\max}] = \frac{[\Delta\sigma_{i,\max}]}{\alpha R E_{\bar{t}_i}} \tag{5-6}$$

式中，$[\Delta T_{i,\max}]$ 为第 i 时间段的容许日降温速率。

将降温集中于弹性模量较小的前期，减小后期降温，对后期应力控制是有利的，按照容许应力增量上限进行控制得到的最终应力最小，即：

$$\sigma_{u,\min} = \sum_{j=1}^{d} K(t_n,\bar{t}_j)\Delta\sigma_j + \sum_{j=d+1}^{n} K(t_n,\bar{t}_j)[\Delta\sigma_{j,\max}] \tag{5-7}$$

式中，$\sigma_{u,\min}$ 为最小应力控制值。

按照如上计算式进行计算应注意，在冷却措施一定的情况下，日降温量存在极限值，若最大降温小于式(5-6)计算的 $[\Delta T_{i,\max}]$，则应根据最大降温计算应力增量 $[\Delta\sigma_{i,\max}]$。

降温速率下限也符合该动态调整的过程，以第 $d+1$ 时间段为例，其下限定义为，由于本时间段降温过慢，其产生的不利效应，使得后续即使按最佳策略降温，也仅刚好满足抗拉控制要求，即：

$$\sum_{j=1}^{d} K(t_i,\bar{t}_j)\Delta\sigma_j + K(t_i,\bar{t}_{d+1})\Delta\sigma_{d+1,\min} + \sum_{j=d+2}^{i} K(t_i,\bar{t}_j)[\Delta\sigma_{j,\max}] = f_{\mathrm{tk},i} \tag{5-8}$$

$$[\Delta T_{d+1,\min}] = \frac{[\Delta\sigma_{d+1,\min}]}{\alpha R E_{\bar{t}_{d+1}}} \tag{5-9}$$

在第 $d+1$ 时间段产生的真实降温位于 $[\Delta T_{d+1,\min}] \sim [\Delta T_{d+1,\max}]$ 时，将实际降温代入式中，更新已知量，对后续时刻降温限值进行计算，形成一个动态调整的过程。

2)简单体系表面降温速率指标

温差应力计算与控制的基本方法与温度应力相同,主要区别在于计算时间间隔的选取上。在表面未采取保温措施或者环境骤然降温影响下,对流条件可能在短时间内产生剧烈变化,因此应尽量选取较短的时间间隔,对控制指标进行研究。将总体降温时间分为 n 等分,可继续沿用前述公式进行计算,但式中 $\Delta\sigma_i$ 的计算方法不同。

$$\Delta\sigma_i = \alpha E_{\bar{t}_i}(T_{D,i} - T_{D,i-1}) \tag{5-10}$$

$$T_{D,i} = T_i - T'_i \tag{5-11}$$

式中,$\Delta\sigma_i$为第 i 时间段温差变化引起的应力增量;$T_{D,i}$为第 i 时刻内部与表面温度差;T'_i为第 i 时刻表面温度。

n 时刻的表面应力 σ'_n可表述如下:

$$\begin{aligned}\sigma'_n &= \sum_{i=1}^{n}\alpha E_{\bar{t}_i}[(T_i - T'_i) - (T_{i-1} - T'_{i-1})]K(t_n,\bar{t}_i)\\ &= \sum_{i=1}^{n}\alpha E_{\bar{t}_i}(T_i - T_{i-1})K(t_n,\bar{t}_i) - \sum_{i=1}^{n}\alpha E_{\bar{t}_i}(T'_i - T'_{i-1})K(t_n,\bar{t}_i)\\ &= -\sum_{i=1}^{n}\frac{\Delta\sigma_i K(t_n,\bar{t}_i)}{R} - \sum_{i=1}^{n}\alpha E_{\bar{t}_i}(T'_i - T'_{i-1})K(t_n,\bar{t}_i)\end{aligned} \tag{5-12}$$

变换可得:

$$-\sum_{i=1}^{n}\alpha E_{\bar{t}_i}(T'_i - T'_{i-1})K(t_n,\bar{t}_i) = \sigma'_n + \sum_{i=1}^{n}\frac{\Delta\sigma_i K(t_n,\bar{t}_i)}{R} \leqslant f_{\mathrm{tk},n} + \sum_{i=1}^{n}\frac{f_{\mathrm{tk},n}}{nR} \tag{5-13}$$

式(5-13)将内表温差指标换算为表面降温速率控制指标,注意到该式与内部应力控制公式的相似性,可采用相同的优化方法,得到表面降温速率的控制上限值与下限值。

式(5-13)反映了温差应力与温度应力具有不同的特征:①表面温峰低于内部,因此下降至环境温度的降温量总体上小于内部,公式左侧数值偏小;②公式右侧,约束系数小于 1,数值偏大,为 2 ~ 3 倍的容许抗拉强度,这意味着表面可以有远高于内部的降温速率。

应当注意,式(5-13)不等式右侧成立的条件为内部保持最高速率降温,当内部降温速率偏低时,不等式右侧分项应按照实际内部降温进行计算。

虽然在理论上内部温度严格受控的情况下,结构表面具有更高的抗裂安全度,若实施中采取不恰当的保温措施,则有过早终止表面保温措施的可能性,表面仍然存在开裂风险,因此应采取可靠措施保障降温的平缓。

工程中关注终止保温的时机,以下建立求解方法。

$$-\sum_{i=1}^{m}\frac{\Delta\sigma_i K(t_n,\bar{t}_i)}{R} - \sum_{i=1}^{m}\alpha E_{\bar{t}_i}(T'_i - T'_{i-1})K(t_m,\bar{t}_i) - \alpha E_m(T_a - T'_m) \leqslant f_{\mathrm{tk},m} \tag{5-14}$$

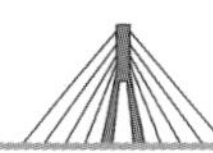

不等式(5-14)左侧最后一项 $\alpha E_m(T_a - T'_m)$，与表面容许降温速率具有相同的物理含义，代表拆模后的瞬时降温效应，变换可得表面环境温差的控制限值：

$$T'_m - T_a \leqslant \frac{f_{tk,m} + \sum_{i=1}^{m} \frac{\Delta\sigma_i K(t_n,\bar{t}_i)}{R} + \sum_{i=1}^{m} \alpha E_{\bar{t}_i}(T'_i - T'_{i-1})K(t_n,\bar{t}_i)}{\alpha E_m} \tag{5-15}$$

3)复杂体系的指标优化

复杂体系与简单体系具有相似规律，主要控制指标以及优化的方向是相同的。但由于应力增量可能表现出一定的非线性，采用简化算法进行预测精度不高。由于具体案例控制的复杂性，采用有限元仿真可以获得较好的应力计算精度。

其具体做法为，首先，通过反分析得到历史的热学边界条件，计算当前时刻的应力状态；其次，以当前时刻为基础，开展容许速率指标的试算工作，试算可以采用等梯度方法，通过逐步调节管冷或外表面的对流参数实现；最后，提取对应的温度指标以及对流效率指标，分别用于控制检验以及指导现场实施。

5.3.3 动态控制指标算例

分别以简单体系与复杂体系为例，介绍动态指标的计算示例。

1)简单体系的计算示例

以5.3.2节中的双端固结梁为例，对指标一般规律进行分析，其外约束应力与温度呈线性关系，便于采用5.3.2节建立的相关公式进行直接计算。

第1日温度达到峰值为35℃，累计压应力为2.1MPa。根据抗拉强度限值计算的第1~2日最大容许降温为14.5℃；第2日温度为20.5℃，接近环境温度20℃，后续产生的应力增幅较小，拉应力随时间增长逐渐松弛。

优化显示，第1~2日最小降温速率限值可选为0℃，按此计算第2~3日最大降温速率限值为13.2℃，此时第3日温度为21.8℃，后续应力仍然可控。其影响主要有两个方面，首先降温历时延长，至第5日方可完成降温，其次，残余应力效应有所增加。温度与应力发展曲线见图5-6，本例中不同降温路径的抗拉强度差异不大，仅示出最小降温的抗拉强度路径。

以当前对流速率继续参与计算，预测下一日降温速率值，汇总容许降温速率指标，如图5-7所示，随着龄期的增加，容许最大降温速率逐渐下降，且在本例实际降温速率影响下，允许的最小降温速率始终为0℃。

以0.5d为时间间隔开展计算，计算结果见图5-8。升温前期内部温度呈上升趋势，计算表面降温速率为-4.5℃，其意义为不允许出现降温，升温速率不得低于4.5℃/0.5d。

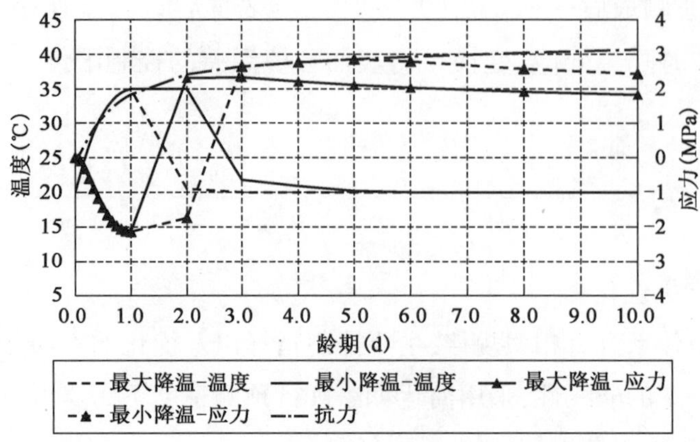

图5-6　第1~2日降温指标计算

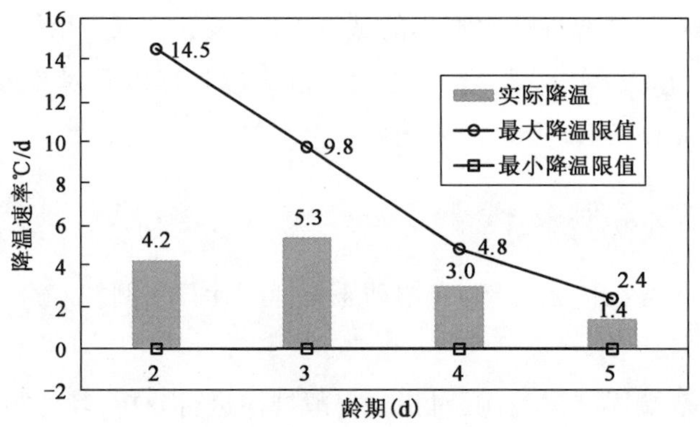

图5-7　内部降温速率与实际降温关系图

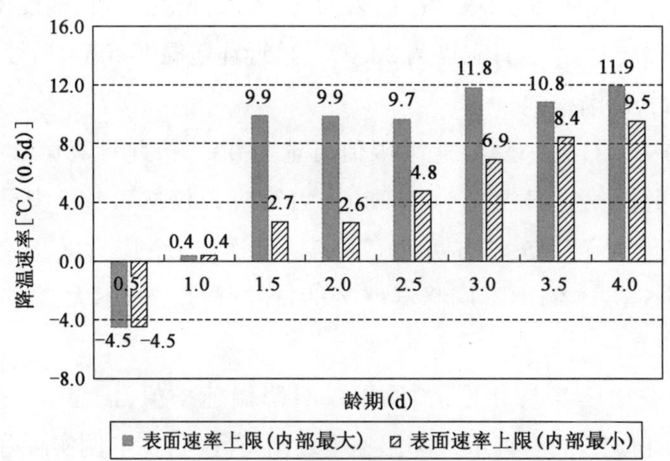

图5-8　表面降温速率与实际降温关系示意图

升温后期以及降温期,允许降温速率转负为正,并逐渐增大,这是由于随着内部温度下降,表面受拉效应逐渐降低,在后期表面甚至出现受压情况,对突发降温的耐受程度逐

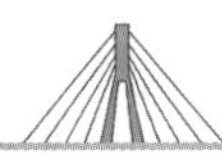

渐提升。

表面速率与内部速率具有依存性，对内部最大降温速率以及内部最小降温速率对应的表面速率限值的计算结果显示，两者速率在前期差异较大，后期逐渐减小。实际控制中，根据实测速率线性内插得到具体控制指标。

简单体系示例了温度动态控制过程，其主要基于历史阶段的分析，给出下一阶段的控制指标。计算数值反映了温度应力控制的重心以及指标变化的一般规律，对于平稳变化的温度场，外约束效应关注降温期拉应力的增长，容许降温速率随龄期增加而逐渐减小，自约束效应关注升温期拉应力的增长，容许降温速率随龄期增加而逐渐增大。

2）复杂体系的计算示例

复杂体系温度增量与应力增量之间表现出较强的非线性规律，可开展大量的试算工作，确定指标取值。以下介绍桥塔控制中的计算案例。

选取中、下塔柱标准节进行分析，节段高 4.5m，共布置 5 层管冷，底面强约束区管冷分层间距加密至 0.5m，上面管冷间距保持为 1.0m，见图 5-9。

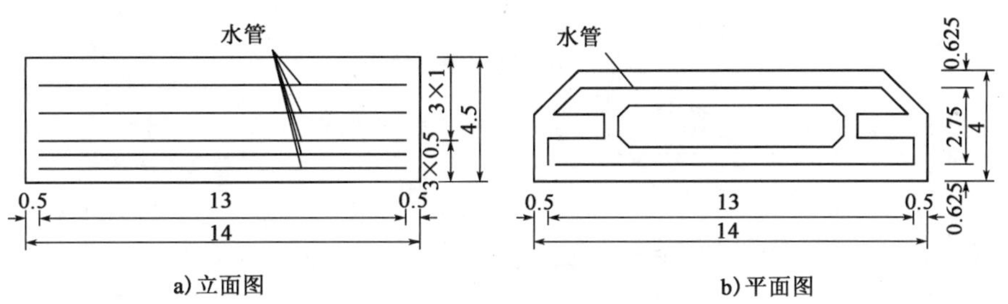

图 5-9 桥塔标准节段管冷布置图（尺寸单位：m）

桥塔建立的标准工艺：第 0 ~ 4 日内部最大流量通水，第 2 ~ 4 日模板松开 1cm 缝隙采用温水养护表面，第 4 日拆除模板并进行持续防风。

标准工况计算应力满足抗裂控制需求，应力控制中可能产生工艺失控，造成控制失败，故需开展动态控制。工艺失控主要有管冷停水、滴灌水温控制失控以及拆模后防护不足三个方面，分别影响内部与表面温度的变化速率，应根据历史温度更新下一阶段的控制指标。

图 5-10 示出薄壁最大速率降温与最小速率降温情况下的温度与应力发展，由于薄壁于第 1.5 日到达温度峰值，从此时刻开始，计算逐日的降温速率。

在带模养护期间，薄壁受力整体上可控：①在最大管冷降温效率影响下，内部并不会出现超出抗拉强度的情况；②若管冷短时出现停水，内部高温仍会出现惯性下降，这是管冷周围混凝土温度较低，热量持续向管冷区域流动所致；短时降温变缓对本阶段应力影响较大，但对最终效应影响较小；③第 4 日拆模后，可能面临的大风对内部应力也有较大影响，根据抗拉强度限值计算得到表面自然对流的最大限值。

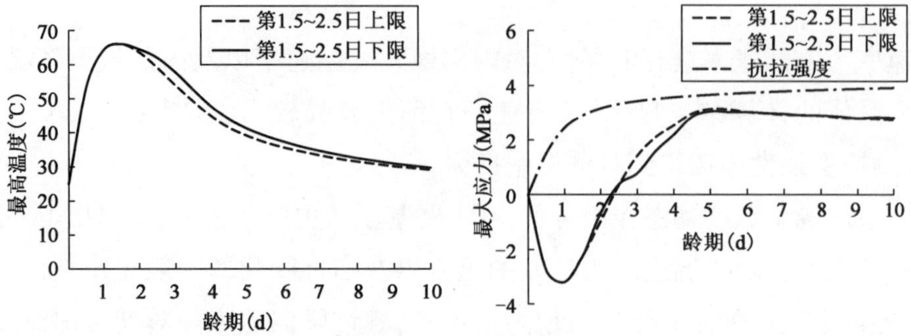

a）第1.5~2.5日容许降温及应力

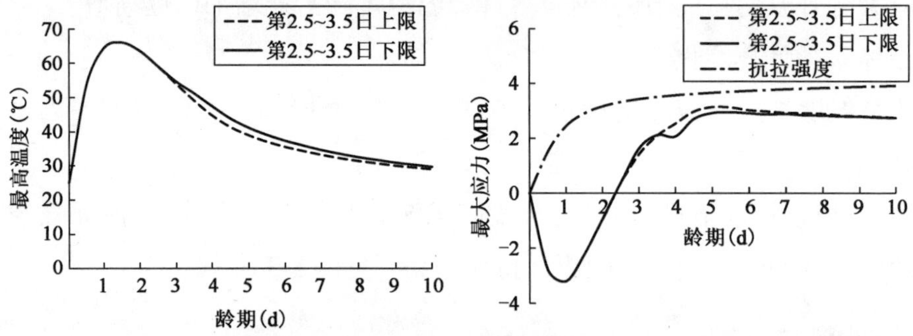

b）第2.5~3.5日容许降温及应力

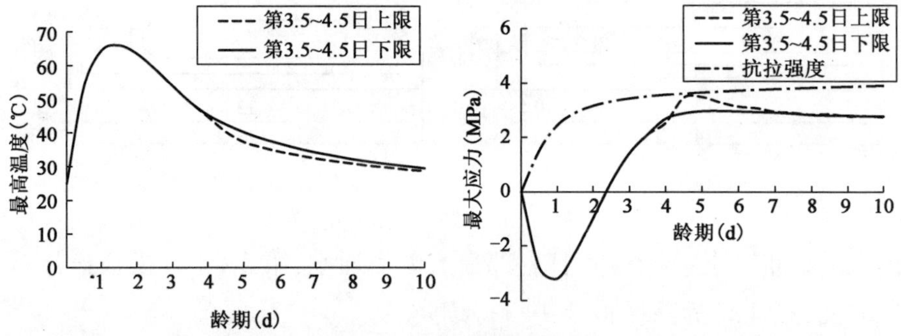

c）第3.5~4.5日容许降温及应力

图 5-10　控制指标下薄壁内部温度与应力发展曲线

表面温度与应力发展曲线如图 5-11 所示。

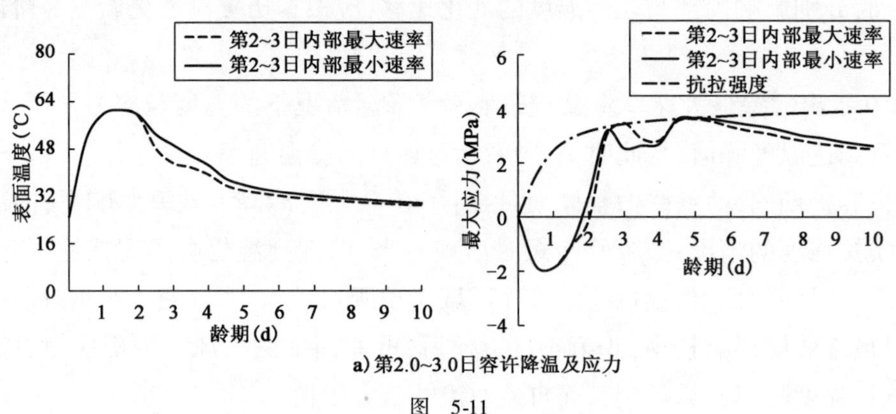

a）第2.0~3.0日容许降温及应力

图　5-11

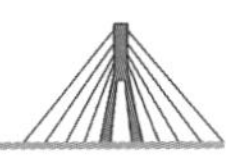

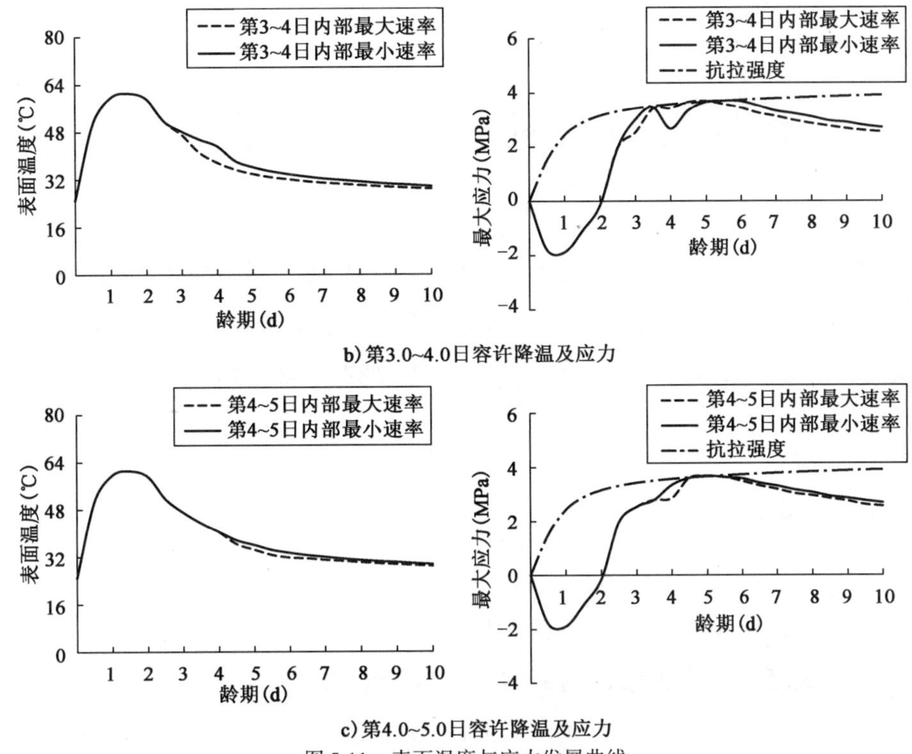

b)第3.0~4.0日容许降温及应力

c)第4.0~5.0日容许降温及应力

图5-11　表面温度与应力发展曲线

分别计算内部、表面最小降温速率及最大降温速率,如图5-12所示。与内部相比,表面应力对速率变化比较敏感,全过程中都可能由于速率超限产生开裂。温度与应力变化规律也验证,随着内部速率的降低,表面速率限值也逐渐降低,表面速率与内部速率具有一定的依存性。

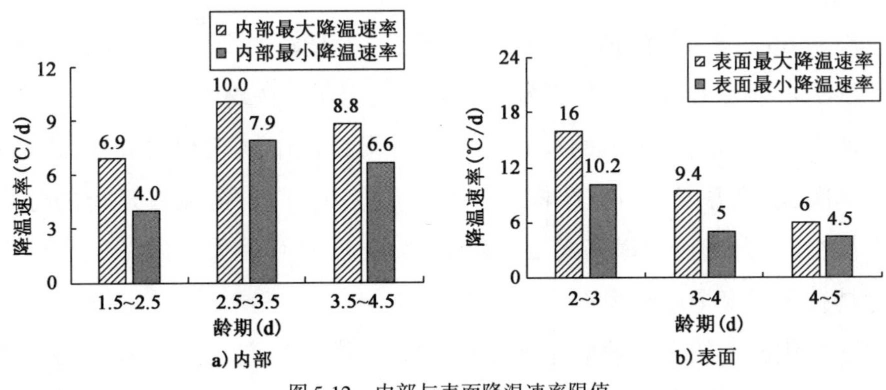

a)内部　　b)表面

图5-12　内部与表面降温速率限值

桥塔与简单体系的控制原理相同,应力发展趋势相似,但两者对长期应力的影响程度还是有很大区别的;实际控制中,应根据具体结构、具体气象条件以及具体工艺做适应性调整,对后续指标进行动态优化。

第6章　永存应力效应及等效模型

施工阶段水化作用产生的热量散去后,结构将积蓄部分残余应力,后期在徐变作用下逐渐减小,具有一定的永存特性,在与运营阶段使用荷载叠加的情况下,可能造成结构的开裂。本章提出了永存效应的概念,建立了永存效应的分析思路,给出了等效温度作用模型示例。

6.1　问题的提出

由于施工工艺造成结构内部积蓄初始应力的问题在工程界比较普遍,其中与混凝土水化温度效应较为接近的为钢结构内部的焊接残余应力效应。

钢结构残余应力定义为无外荷载作用的内部自相平衡的应力,其会降低有效强度,增加脆断倾向,对结构的疲劳性能、稳定承载都有较显著的影响,因此较早得到广泛关注[72]。

混凝土水化温升冷却与钢结构焊缝温升冷却具有一定的相似之处,都表现为材料弹性模量逐渐增长、冷却过程逐渐产生拉应力。其主要差异:首先,钢结构是局部构件的应力重分布,混凝土结构则可能为构件之间的应力重分布,应力分布不同;其次,钢结构应力受松弛效应影响,混凝土应力则受徐变效应影响,应力衰减的规律也有较大差异。

混凝土结构永存应力效应较早得到关注,在水工结构中,朱伯芳[6]提出运行期的温度应力需要叠加施工期的温度应力的观点。然而桥梁结构中缺乏相关分析,设计或者评估缺乏指导。其次,水化温度应力与结构、材料、工艺相关,应力可能有复杂的分布形态,应力大小也不尽相同,为统一计算模式带来较大挑战,需要开展大量的基础研究工作,以统计方式得出具有足够安全度的模型。

施工阶段水化温度的永存效应主要集中在分次浇筑的混凝土结构中,先施工构件与后施工构件之间相互约束,在温差作用下容易造成内力重分配。以下分别介绍典型的分节、分层以及合拢施工状况下的体系约束。

图6-1示出竖向分节浇筑构件的体系约束情况,升温期膨胀、降温期收缩均受到下方已施工构件的约束,在结合面上产生较大的拉、压应力分布。

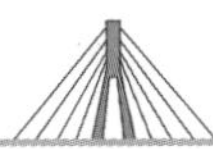

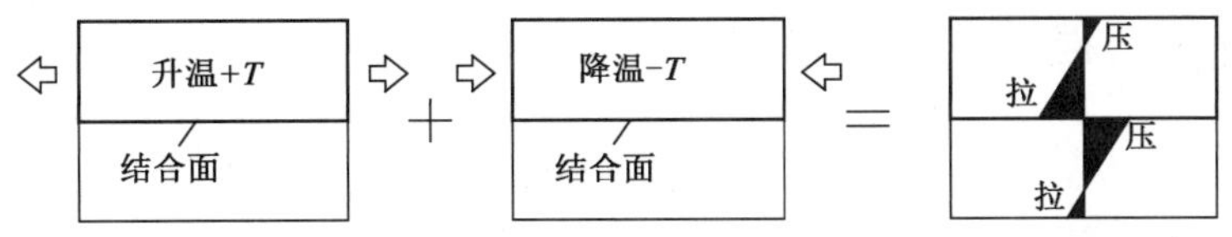

图 6-1 分节浇筑构件的体系约束

分层浇筑构件与分节浇筑构件具有相似的体系约束状况,图 6-2 示出了分两层现浇的等截面箱梁的体系约束情况。为更直观地表现体系约束效应在全跨的差异,图 6-2 中示出弯矩状态分布,后浇部分降温造成已浇部分产生的弯矩与恒载效应的分布形态相似。

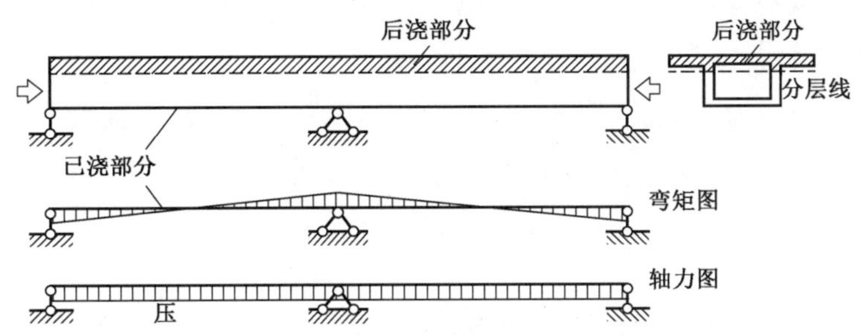

图 6-2 分层浇筑构件的体系约束

图 6-3 示出刚构体系的合拢段施工引起的体系约束情况。水化温度效应等效为水平向降温后,中跨产生正弯矩效应,边跨产生负弯矩效应,墩身顶面与底面分别承担符号相反的弯矩效应。

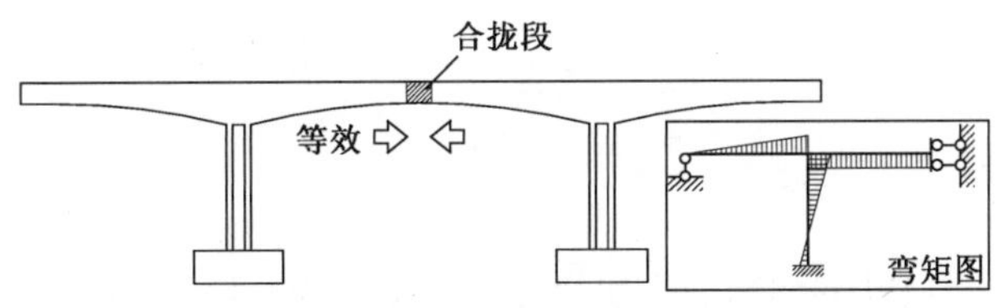

图 6-3 刚构体系合拢段施工引起的体系约束

此外,浇筑构件本身的内部与表面之间也可能形成相互约束,由于表面温升低于内部,在后期表面多表现为压应力。

6.2 等效模型

温度永存应力与使用阶段的各项作用效应的计算体系存在差异,本节对作用模型的等效模式及方法进行介绍。

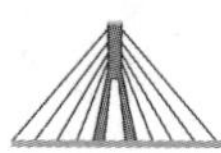

6.2.1 等效计算流程

由于温度场、应力场分布的复杂性较高,施工阶段的分析依赖于实体的数值模型,使用阶段为提高计算效率一般采用空间杆系模型,模型之间并不兼容。可以考虑以应力等效方法,得到适用于杆系模型简化荷载模型,然后参与使用阶段的效应组合分析。

考虑温度应力与降温效应的相似性,提出将水化温度作用简化为固定形式的降温荷载,荷载取值以最不利效应等效为原则,具体做法为:

(1)建立实体数值模型,进行温度时程分析,以温度时程分析结果进行应力时程分析。

(2)提取关键时刻应力,如最不利时刻、养护完毕、成桥以及徐变至稳定时刻的应力,对施工阶段短暂状况进行检验。

(3)以关键时刻应力等效为原则,推算简化梯度降温荷载,将简化荷载施加至杆系模型,参与承载能力极限状态与正常使用极限状态的验算。

永存应力效应的等效模型计算流程如图 6-4 所示。

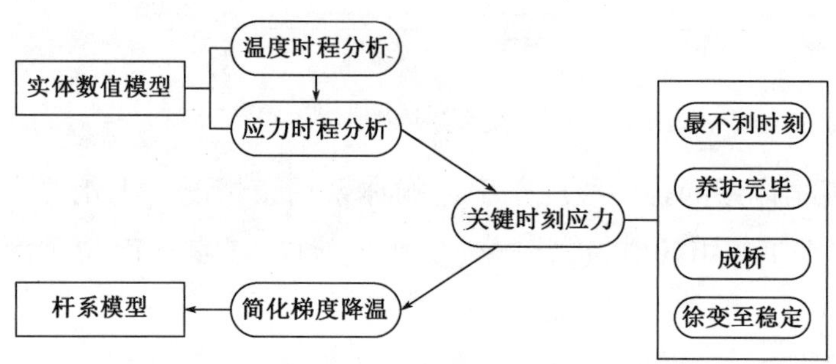

图 6-4 永存应力效应的等效模型计算流程

6.2.2 设计应用方法

施工阶段水化温度应力的控制可以并入《公路钢筋混凝土及预应力混凝土桥涵设计规范》(JTG 3362—2018)的短暂工况验算,永存效应则可以通过增加相应荷载类目,将之纳入现有计算框架体系,参与承载能力极限状态与正常使用极限状态计算。

1)承载能力极限状态的内力复核

承载能力极限状态的荷载效应组合增加水化温度持续荷载效应,定义为 S_{GTk},与温度时程、材料特性以及建造过程相关。

$$S_{\mathrm{GTk}} = S(T,M,C) \tag{6-1}$$

式中,T 为温度时程;M 为材料特性;C 为建造过程。

该效应按恒载考虑,通过在对应施工阶段施加温度荷载,获得体系的内力效应,成桥

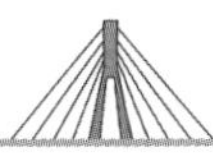

后仅受徐变影响而逐渐衰减。

2)不允许开裂构件的正常使用极限状态应力复核

不允许开裂构件在施工阶段以及使用阶段均不得产生开裂,可以按照原构件种类,如A类或全预应力构件,选择相应控制限值进行验算。在原应力基础上增加水化温度应力σ_{Tk}。

$$\sigma_{Tk} = \sigma(T,M,C) \tag{6-2}$$

与承载能力极限状态相同,该应力效应同样按恒载效应考虑,组合系数及组合方式与恒载效应相同。

3)允许开裂构件的正常使用极限状态裂缝宽度复核

对于施工期间已经开裂的构件,温度应力得以释放,使用阶段验算可不计入水化温度应力。然而,开裂位置形成薄弱环节,在使用荷载作用下,裂缝在初始缝宽基础上进一步扩宽,可能使得裂缝出现超限情况。该情况下叠加温度效应的裂缝宽度w_T,缝宽计算与基于内力的方法(3.1.3节相关内容)不同。

$$W_T = W(\sigma_{Tk},f_{tk}) \tag{6-3}$$

在不采取控制措施、不处治裂缝的情况下,部分构件可能形成具有显著宽度的裂缝,压缩使用阶段裂缝张开空间。为避免对使用荷载提出过于苛刻的要求,设计应基于分析提出施工阶段的缝宽控制要求或裂缝处治要求。

对于施工期间未开裂的构件,温度应力积蓄在结构中,可采用基于内力的计算方法对缝宽进行验算,此时内力效应应增加水化温度持续荷载效应。

6.3　等效示例

以芜湖长江公路二桥分肢柱式塔中典型的下横梁为例,介绍永存应力效应及等效方法。

6.3.1　温度应力计算

桥塔普通节段之间相互约束,产生水平方向的约束应力,与桥梁体系计算分析关注的轴向方向并不相同,使用阶段该方向受到车辆、温度及风效应的影响也相对较小,故对该方向无关注的需求。桥塔结构中与总体受力密切相关的永存应力效应体现在横梁结构上,这是由于两侧分肢塔柱已经形成具有刚度的体系,横梁属于后浇筑构件,在升温膨胀与降温收缩的影响下,会产生体系应力。

下横梁总高度为8m(未计入倒角区),拟均分两层浇筑,根据施工计划安排,第一层与第二层浇筑间隔约为10d。

下横梁分层浇筑,第一层与第二层水化以及降温存在时间差,对于结构影响可以划分为几个典型阶段,包括第一层升温、第一层降温、第二层升温、第二层降温四个阶段,变形机理见表6-1,各过程详述如下:

(1)第一层升温:横梁一层浇筑升温期膨胀,将两侧塔肢向外侧平推,由于该节段混凝土弹性模量较小,外推作用并不显著;横梁处于受压状态。

(2)第一层降温:降温期第一层会产生收缩,由于刚度较大,收缩产生的荷载效应也就越大,抵消掉之前外推变形后,会使两个塔肢向内倾斜;横梁处于拉应力持续增长的状态。

(3)第二层升温:在第二层浇筑后,由于两层间热量相互影响较小,第一层持续保持降温收缩,第二层将升温膨胀,此时膨胀量无法抵消之前的降温收缩量,塔肢仍然表现出向内的倾斜状态;第一层内仍然保持受拉状态,第二层内表现受压状态。

(4)第二层降温:第二层进入降温后,在上下两层降温收缩的作用下,塔肢向内倾斜幅度加大,第一层及第二层均处于拉应力持续增长的状态。

横梁变形机理示意 表6-1

历程	第一层升温	第一层降温	第二层升温	第二层降温
变形图	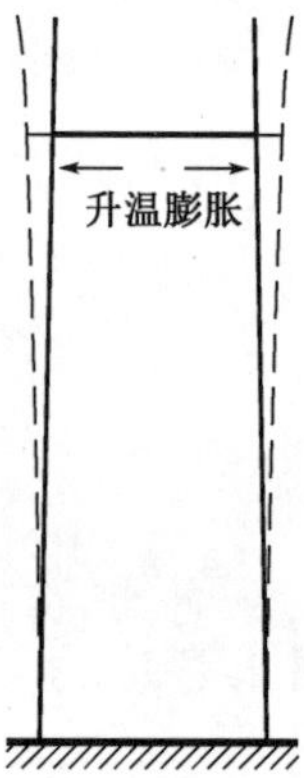 升温膨胀	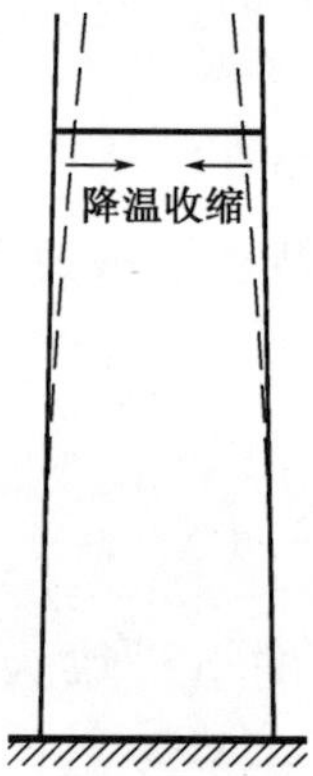 降温收缩	 升温膨胀 降温收缩量级持续减小	 降温收缩 降温收缩量级持续减小
第一层	受压	受拉	受拉	受拉
第二层	未浇筑	未浇筑	受压	受拉

计算得到第一层、第二层降温后的温度应力分布,如图6-5所示。

6.3.2 等效温度荷载

温度应力随着时间推移而衰减,如图6-6所示。峰值应力在最初的30d内会产生大幅度衰减,随后进入缓慢衰减阶段,在700d后残余应力接近稳定。

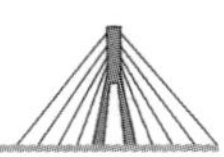

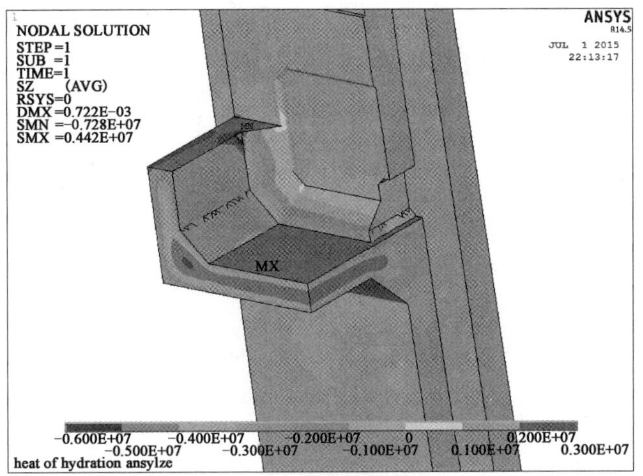

a)一层降温后

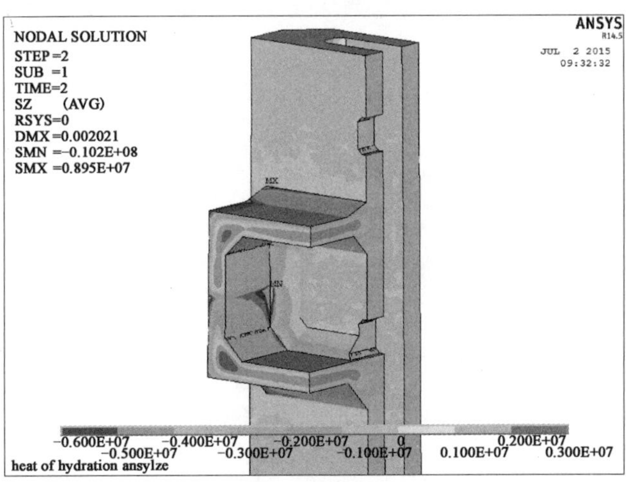

b)二层降温后

图6-5　横梁温度应力图(单位:Pa)

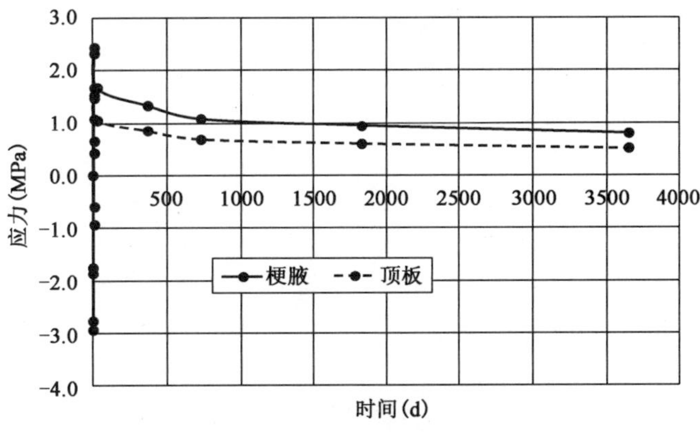

图6-6　温度应力随时间衰减图

桥塔的建设时期为2年,可视为残余应力基本稳定,按照横梁梗腋内的最不利残余应力进行控制,将其换算为等效的降温荷载,计算得到“恒载”为:

$$\Delta T = -2.2℃$$

将该降温施加在横梁单元上,即可实现应力的等效模拟,该模式忽略了横梁截面内的面层与芯层之间、第一层与第二层之间的应力分布不均匀性。

第7章　质量管理及信息技术应用

桥梁塔柱温度控制的技术难度较大，切分的层数众多，给质量管理带来了较大的挑战。融合信息技术开展现场控制，不仅可以避免人因失误，也能够起到提高管控效率的作用。以芜湖长江公路二桥为例，介绍质量管理体系以及基于互联网的信息平台建设方法，探索大数据技术在质量管理中的应用，为此类技术的持续开发提供基础，为其他工程提供参考。

7.1　管理体系

7.1.1　温控过程中的管理体系

桥塔节段在温控过程中，由监控方（即监控单位，余类同）、施工方作为行动主体，完成监测与现场调控，监控方进行温度监测，对数据进行检验，发布数据、检验结果以及建议。若出现异常情况，如温升较快、降温较快等，则发布预警，由施工方进行现场调控。施工方调控后，监控方对温度进行监测及调控反馈，在措施力度不足的情况下，现场根据反馈采取加强措施。

通过监控数据分析，提出工序切换的时机，如温峰过后开始进行滴灌温养，表环温差满足要求后，即可进行拆模。在监控方提供数据后，施工方根据数据情况，进行后续施工操作，在施工中若产生异常情况，监控方则发布预警，施工方对工艺进行核检。

在监控实施过程中，管理方一方面负责对信息流进行检验，把握质量控制情况，另一方面对执行过程中的产生的争议或纠纷进行处理，制定管理策略，从而协调单位或者相关人员的工作。温控过程中的管理体系见图7-1。

7.1.2　温控结束后的管理体系

在桥塔节段温控结束后，施工方和监控方分别对实施过程进行总结，向管理方提供总结报告。由管理方委托检测方对裂缝情况进行检测，绘制裂缝分布图，记录裂缝宽度信息。管理方结合实施总结、监控总结以及裂缝检测结果，分析质量问题产生的原因，提出针对施工方与监控方的管理策略。

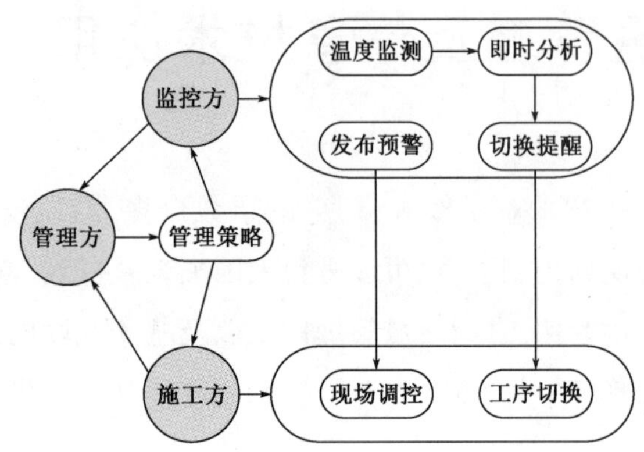

图 7-1　温控过程中的管理体系

施工方与监控方根据管理方提出的要求，对温控方案或者监控方案进行整改，并开展下一桥塔节段的质量管理工作。温控结束后的管理体系如图 7-2 所示。

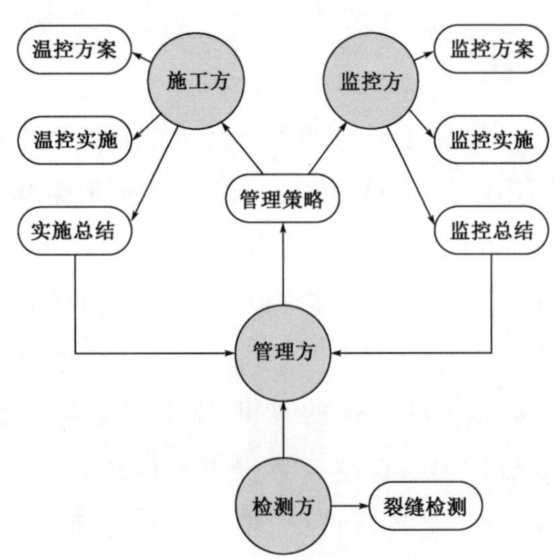

图 7-2　温控结束后的管理体系

芜湖长江公路二桥桥塔建造过程中，基于逐层质量管控，最终形成完善的工艺以及监测体系。以南塔柱为例，在前期底层节段建设过程中，对大量的标准工序、细节工艺进行完善；在中期针对暴露的新问题提出新的控制需求，例如针对侧面污染、模板周转次数过多引发的变形问题，提出了防污染要求以及模板定期调整要求；在后期针对冬季环境引发的控制难题制定严格的管控制度，例如监理日检，严格执行质量红线等。其技术体系层进图见图 7-3。

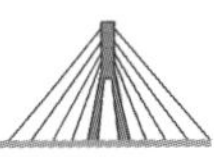

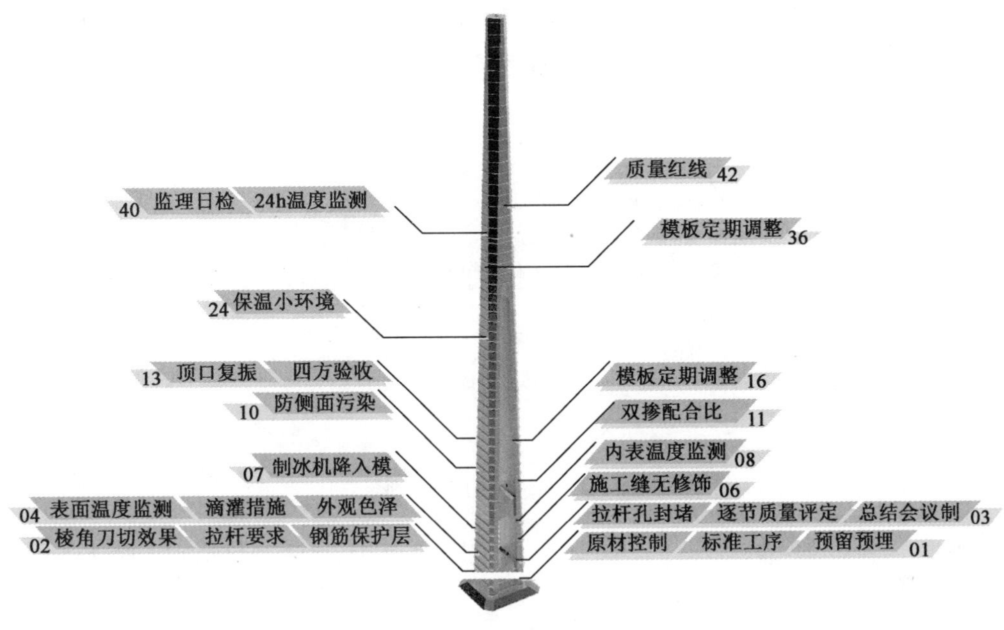

图7-3 技术体系层进图

7.2 基于"互联网+"的信息系统

芜湖长江公路二桥桥塔建设中,引入了基于"互联网+"的信息化管控模式,实现质量的高效管控。以下对基于"互联网+"的信息系统原理及应用现状进行介绍。

7.2.1 系统架构方法

在承台、塔座及桥塔的温度控制中,信息化是品质工程的软需求,而建立体系化的信息化方法,创新支撑技术和管理模式作为信息化的硬件支撑。根据温度控制的特点及需求,引入无线传输的即时监测技术,建立即时分析、即时共享、各方参与的机制,实现大体积混凝土的精细温控,提升了芜湖长江公路二桥建造品质。系统功能主要包括:

(1)数据即时采集与分析。通过无线传输技术。实现数据的自动定时采集,将数据存储至数据库,并引入算法进行即时分析,分析内部温度及环境温度变化趋势。

(2)数据即时共享。将关键数据以及分析结论通过网络平台的方式即时发布,便于参建各单位即时查验。

(3)即时预警信息。根据制定的预警阈值,在触发条件时会向参建各单位即时发送预警信息,并给出温控措施调控建议。

(4)措施效能即时评估反馈。在收到参建各单位的温控调整措施后,进行加强观测,评估措施效能，并即时反馈效能分析结果，为工序调控提供后续指导，确保指标可控。

在芜湖长江公路二桥大体积混凝土温度控制中采取软件与硬件双创新的方式，系统开发的创新理念如图 7-4 所示。

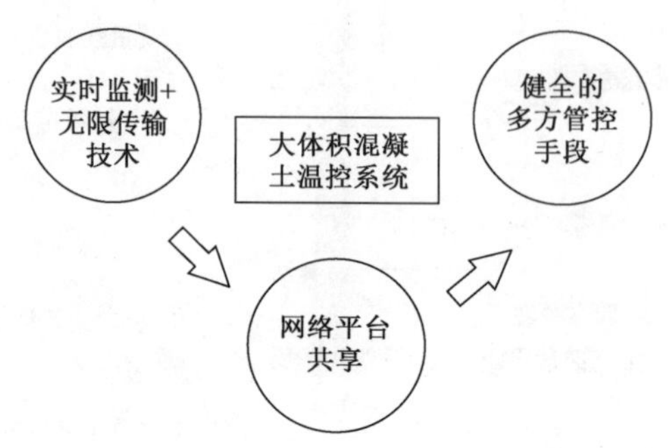

图 7-4　系统开发的创新理念

系统嵌入建设单位确定好的工作流程，按照既定工作流程运转执行，信息流转方式如图 7-5 所示。

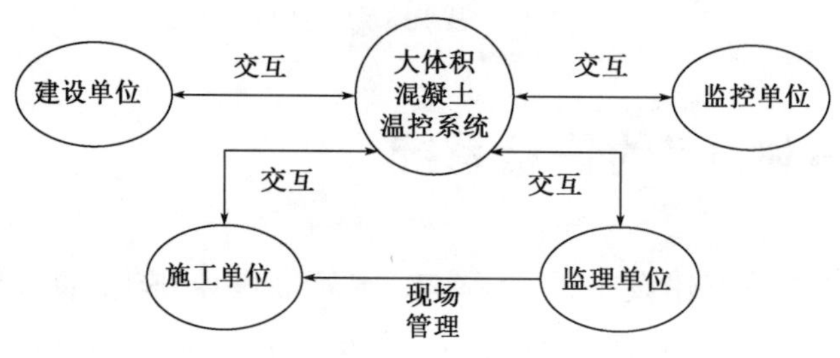

图 7-5　信息流转方式

7.2.2　系统展示

所开发的信息系统在使用过程中运转状态良好。信息系统的登录界面、工作界面、温度信息界面、指标信息界面分别如图 7-6 ~ 图 7-9 所示。

图 7-6　登录界面

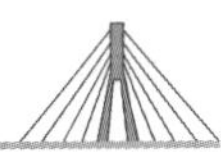

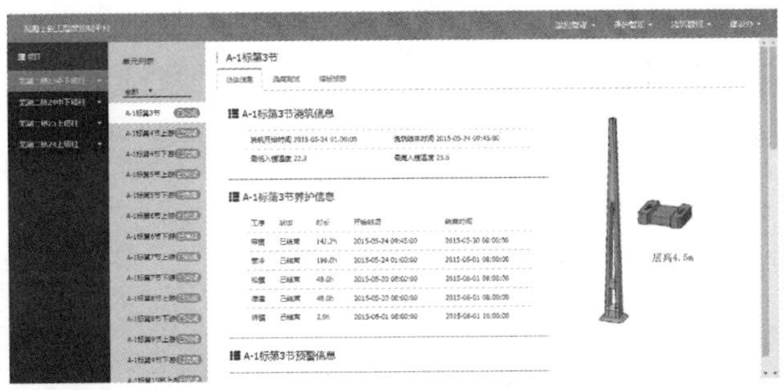

图 7-7　工作界面

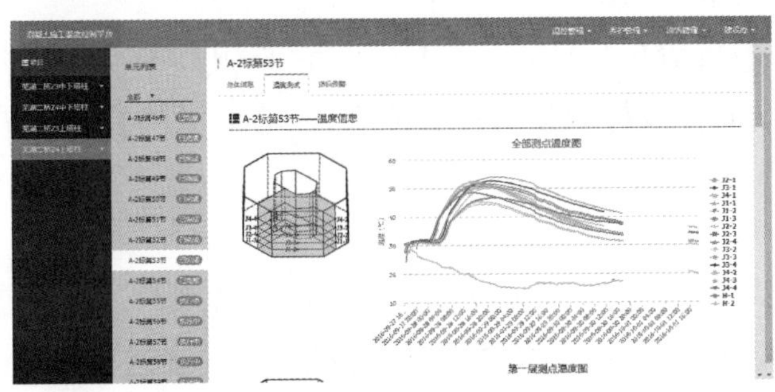

图 7-8　温度信息界面

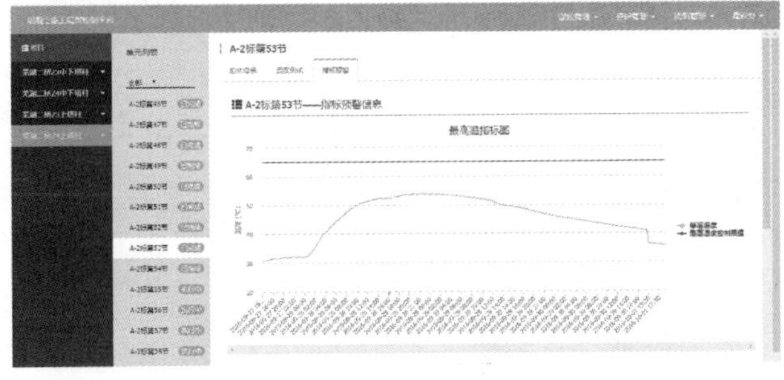

图 7-9　指标信息界面

7.3　基于大数据的指标优化

基于信息系统采集的数据，对温度、温差以及速率等指标进行计算，与裂缝检测信息进行相关性分析，可以对关键指标进行检验，为控制方法的优化提供科学依据。

7.3.1　大数据的分析方法

针对裂缝产生的直接原因，根据理论分析，裂缝的产生与降温量以及速率有关，因此制定大数据分析的关键指标为降温量、内部降温速率、表面降温速率。此外，拆模后为被动控制，一般也可对拆模表环温差进行校核。

针对质量控制，则可以对工艺提取指标，例如，分别以原材温度、升温速率、入模温度、最高温升、表面降温速率考核原材、配合比、拌合站、管冷、滴灌与保温的工艺控制稳定性。

在确定要分析的指标后，可以对数据进行相关运算，将运算结果与裂缝信息进行关联，校验理论指标。

在控制过程中，可以引入人为干扰因素，对不同单位或班组控制的项目提出不同的控制指标，用于过程中的控制优化。

基于大量的节段数据分析，可以充分计入变异性，并根据裂缝控制需求，提出结合理论与实践的控制标准，充分发挥数据的科学价值，推动工程技术的发展。

7.3.2 应用实例

本研究以影响裂缝的降温量、拆模表环温差、内部降温速率、表面降温速率四项关键指标为例，结合裂缝检测结果，进行大数据分析，对控制方法进行优化。

(1)降温量控制

中下塔柱薄壁段受降温量影响容易产生贯穿裂缝，通过对数据进行统计，绘制降温量与薄壁裂缝关系图，见图7-10。

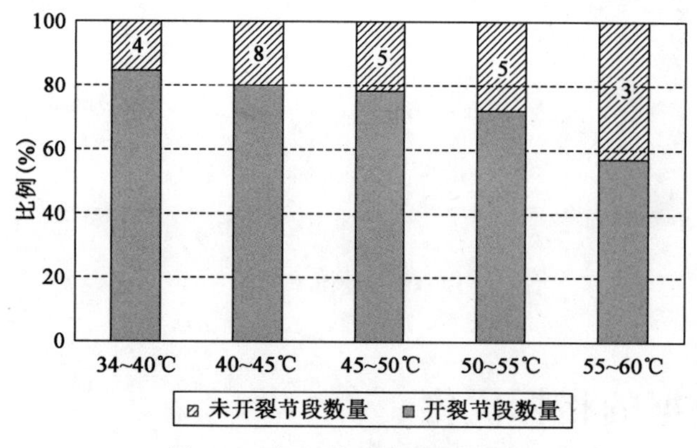

图7-10 降温量与薄壁裂缝关系图

通过数据统计可以看出，随着降温量逐渐增加，开裂的概率也逐渐提升，开裂与降温量具有直接关系。

芜湖长江公路二桥制定的降温量限值为45℃，在该降温量下，开裂的概率不高于20%，验证指标精确有效。同时该指标也留有一定的安全富余，如实际控制中降温量略有超出，达到50℃时，开裂的概率也未显著提升。

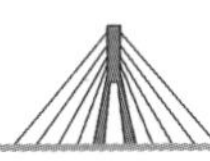

同时,随着降温量的持续降低,开裂概率相差较小,也反映出单一指标无法完全避免开裂,强度及其他指标也应得到重视。

(2)拆模表环温差控制

拆模表环温差与裂缝关系见图7-11,温差控制在5℃以下时,未出现开裂情况;温差控制在5~26℃时,表面不出现开裂的概率均在40%~60%,这是由于在较大温差的情况,采取了一定的防风措施,对表面裂缝控制起到了一定的效果。

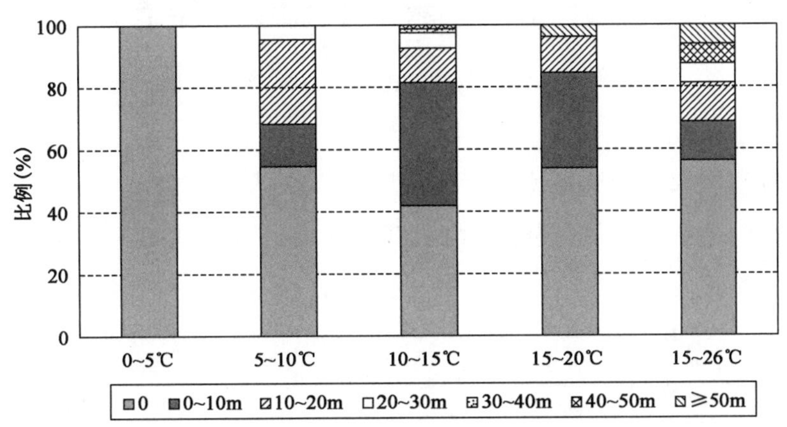

图7-11　拆模表环温差与裂缝关系

同时注意到,在拆模表环温差控制在15℃以下时,开裂节段的表面基本上处于微裂的水平;在表环温差超过15℃时,部分节段出现显著开裂的情况,且随着温差的逐渐增大,这些开裂严重的节段所占的比例也逐渐增大,表明表环温差超过15℃时,表面有严重开裂的风险。大数据分析验证控制指标提出的合理性。

(3)内部降温速率控制

内部降温速率统计结果表明(图7-12),最大降温速率与开裂并非呈线性关系,最大速率维持在6~8℃/d时,开裂的概率较低;最大速率维持在10℃/d以上时,开裂的概率也较低。

在降温速率偏小(<6℃/d)的情况下,降温将推迟到后期,此时弹性模量增大,导致降温拉应力效应显著增加,这是降温速率偏小时容易出现开裂的原因。

若在前期以较大的降温速率进行控制,可以减少开裂的风险,这是降温速率增加至6~8℃/d后开裂概率反而降低的原因。

但降温速率增加至8~10℃/d后,开裂的概率反弹增大,表明过大的降温速率可能引起应力增长速率过快,超过抗拉强度增长的速率后,引起开裂。

降温过大(>10℃/d)时的样本数量较少,且在实施过程中得到及时管控,数据有一定的奇异性,因此不能精确反映较高速率下的客观规律。

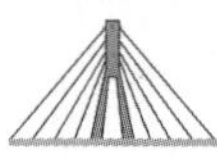

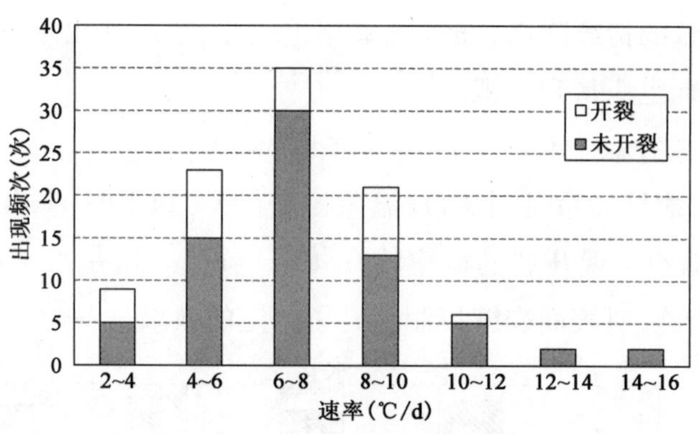

图 7-12 内部降温速率与裂缝关系

(4)表面降温速率控制

统计表面降温速率与裂缝平均长度关系见图 7-13,从 4 ~ 12℃/d 直方图总体规律上,可以看出随着降温速率的增加,裂缝平均长度逐渐增大,但影响有限,原则上应尽量保持较低的降温速率。

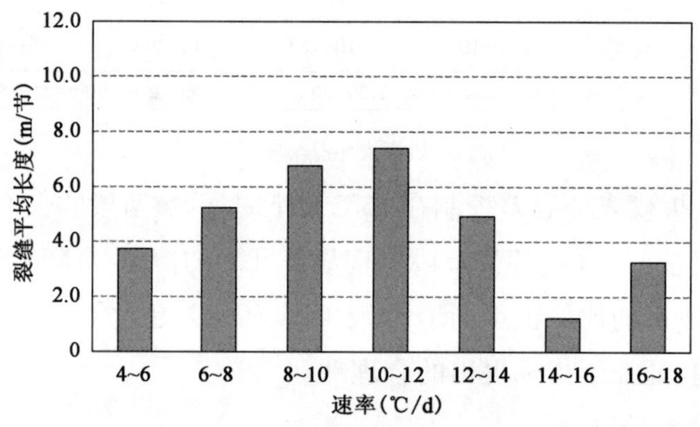

图 7-13 表面降温速率与裂缝平均长度关系

此外,大于 12℃/d 的节段数量较少,见图 7-14,裂缝可能受到其他要素影响,因此数据规律具有一定的奇异性,不能精确反映较高速率下的客观规律。

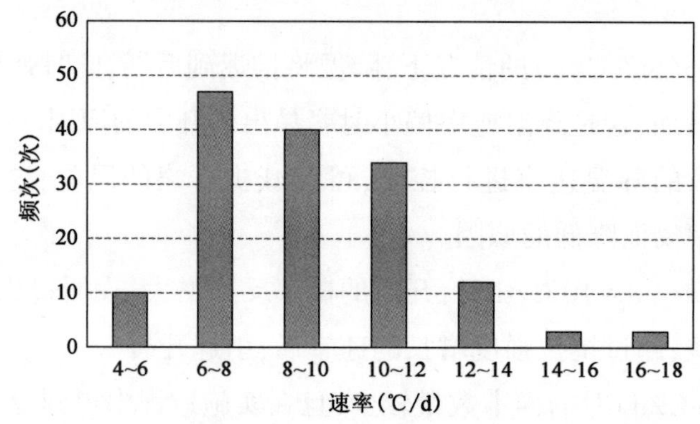

图 7-14 表面降温速率出现频次统计

参 考 文 献

[1] 中交第一公路工程局有限公司. 公路桥涵施工技术规范:JTG/T F50—2011[S]. 北京:人民交通出版社,2011.

[2] 中华人民共和国住房和城乡建设部. 大体积混凝土施工规范:GB 50496—2009[S]. 北京:中国计划出版社,2009.

[3] 中交武汉港湾工程设计研究院有限公司. 水运工程大体积混凝土温度裂缝控制技术规程:JTS 202-1—2010[S]. 北京:人民交通出版社,2010.

[4] 王铁梦. 工程结构裂缝控制[M]. 北京:中国建筑工业出版社,1997.

[5] WILSON E L. The determination of temperature within mass concrete structures(SME Report No. 68-17),structures and material research[R]. Berkeley:Department of Civil Engineering, University of California,1968.

[6] 朱伯芳. 大体积混凝土温度应力与温度控制[M]. 2 版. 北京:中国水利水电出版社,2012.

[7] 刘光廷. 混凝土坝及其不均质岩基的光弹试验研究[J]. 清华大学学报(自然科学版),1987(02):40-52.

[8] 吴胜兴,周氐. 混凝土徐变度及应力松弛系数的估算方法综述与建议[J]. 水利学报,1991(10):65-70.

[9] 刘宁,刘光廷. 混凝土结构温度徐变应力的首次超越可靠度[J]. 固体力学学报,1998(01):38-44.

[10] 刘宁,刘光廷. 混凝土结构的随机温度及随机徐变应力[J]. 力学进展,1998(01):58-70.

[11] HAUGGAARD A B,DAMKILDE L,HANSEN P F. Transitional Thermal Creep of early age concrete. [J]. Eng. Mech,1999,4(125):458-465.

[12] HATTEL J H,Thorborg J. A numerical model for predicting the thermomechanical conditions during hydration of early-age concrete[J]. Applied Mathematical Modelling,2003,27(1):1-26.

[13] BALLIM Y. A numerical model and associated calorimeter for predicting temperature profiles in mass concrete[J]. Cement and Concrete Composites,2004,26(6):695-703.

[14] KIM T,RENS K L. Concrete maturity method using variable temperature curing for normal and high-strength concrete. I:Experimental Study[J]. Mater. Civ. Eng,2008,12(20):727-734.

[15] KIM T,RENS K L. Concrete maturity method using variable temperature curing for normal-strength concrete mixes. II:theoretical study[J]. Mater. Civ. Eng,2008,12(20): 735-741.

[16] MATALLAH M,LA B C,MAUREL O. A practical method to estimate crack openings in con-

crete structures[J]. International Journal for Numerical and Analytical Methods in Geomechanics,2010,34(15):1615-1633.

[17] WEI Y,HANSEN W. Tensile creep behavior of concrete subject to constant restraint at very early ages[J]. Journal of Materials in Civil Engineering,2013,25(9):1277-1284.

[18] KHAN I,MURRAY A,Castel A,et al. Experimental and analytical study of creep and shrinkage in early-age concrete[C]//American Society of Civil Enginineers. 10th International Conference on Mechanics and Physics of Creep,Shrinkage,and Durability of Concrete and Concrete Structures. Vienna:[s. n.],2015.

[19] LIM C,KIM J,SEO T. Prediction of concrete adiabatic temperature rise characteristic by semiadiabatic temperature rise test and FEM analysis[J]. Construction and Building Materials,2016,125:679-689.

[20] PAN Y,PRADO A,PORRAS R,et al. Lattice modeling of early-age behavior of structural concrete[J]. Materials,2017,10(3):231.

[21] XU Y,XU Q,CHEN S,et al. Self-restraint thermal stress in early-age concrete samples and its evaluation[J]. Construction and Building Materials,2017,134:104-115.

[22] H. Falkner. Cracking Due to Thermal Effects on Bridges[M]// CREAZZA G,MELE M. Advanced Problems in Bridge Construction. Berlin: Springer,1991:161.

[23] 赵敏庄. 桥梁基础大体积混凝土中埋设冷却水管的效果[J]. 桥梁建设,1982(03):17-24.

[24] ZOKAIE T,OSTERKAMP T A. Thermal effects on massive concrete pours[M]. San Diego,USA:ASCE,1994.

[25] GILLILAND J A,DILGER W H. Monitoring concrete temperature during construction of the Confederation Bridge[J]. Canadian Journal of Civil Engineering,1997,24(6):941-950.

[26] HOSSEINI M,JEFFERSON A D. Time-dependent behaviour of widened reinforced concrete under-bridge[J]. Materials and Structures,1998,31(10):714-719.

[27] 叶见曙,阮静,钱培舒,等. 混凝土箱梁的水化热温度分析[J]. 桥梁建设,2000(04):7-9.

[28] BARR P J,STANTON J F,EBERHARD M O. Effects of temperature variations on precast,prestressed concrete bridge girders[J]. Bridge Eng,2005(10):186-194.

[29] 刘三元,曹阳,王波,等. 薄壁墩混凝土水化热及收缩徐变分析[J]. 世界桥梁,2006(03):42-44.

[30] BERTAGNOLI G,MANCINI G,Tondolo F. Early age behavior of massive concrete piers[M]. Dubrovnik,Croatia:[s. n.],2007.

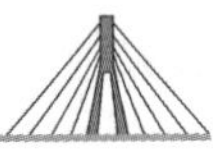

[31] NEWHOUSE C D, ROBERTS-WOLLMANN C L, COUSINS T E, et al. Modeling early-age bridge restraint moments: creep, shrinkage, and temperature Effects[J]. Bridge Eng, 2008(13): 431-438.

[32] 张岗,任伟,贺拴海,等. 箱梁水化热温度场时效模式及时变应力场[J]. 长安大学学报(自然科学版),2008(04):51-56.

[33] 何波发. 安庆长江大桥主塔混凝土柱体的水化热计算与控制[J]. 工程与建设,2010(06):797-799.

[34] 李欣然,陈德伟. 斜拉桥主塔中下塔柱连接段水化热温度-应力场分析[J]. 中外公路,2010(02):131-135.

[35] LIN C J, FU G G, GUO L L. The experimental study on controlling the hydration heat temperature field of the zhenyuling bridge pile caps[J]. Advanced Materials Research, 2012:594-597,1509.

[36] 林鹏,李庆斌,周绍武,等. 大体积混凝土通水冷却智能温度控制方法与系统[J]. 水利学报,2013(08):950-957.

[37] ZHOU Y, MENG D, WANG Y. Finite-element simulation of hydration and creep of early-age concrete materials[J]. Journal of Materials in Civil Engineering, 2014, 26(11):1-7.

[38] 赵亚龙,彭敬磊,阙育梅. 斜拉桥塔柱水化热温度应力分析[J]. 交通科技,2014(03):48-50.

[39] 谢朝晖. 大体积混凝土温控集成系统开发与应用[D]. 大连:大连理工大学,2014.

[40] 郑东. 大体积混凝土实时温度应力控制研究[D]. 北京:清华大学,2015.

[41] BOBKO C P, EDWARDS A J, SERACINO R, et al. Thermal cracking of mass concrete bridge footings in coastal environments[J]. Journal of Performance of Constructed Facilities, 2015, 29(6):04014171.

[42] 杨爱民. 大跨径 PC 连续箱梁桥零号块水化热温度效应及裂缝控制研究[D]. 西安: 长安大学,2015.

[43] 熊文,尤吉,房涛,等. 风环境对大体积混凝土桥塔施工水化热的影响分析[J]. 东南大学学报(自然科学版),2015(05):941-946.

[44] 杨秀娟. 宜昌庙嘴长江大桥大江桥桥塔实心段混凝土温度控制技术[J]. 世界桥梁,2016(01): 30-34.

[45] 刘晋艳,胡国伟. 百米 H 形索塔防开裂控制技术研究[J]. 铁道工程学报,2017(01): 60-66.

[46] PAN Y, PRADO A, PORRAS R, et al. Lattice modeling of early-age behavior of structural con-

crete[J]. Materials,2017,10(3):231.

[47] RIDING K A,POOLE J L,SCHINDLER A K,et al. Temperature boundary condition models for concrete bridge members[J]. ACI Materials Journal,2007,104(4):379-387.

[48] 杜国华,毛昌时,司徒妙龄. 桥梁结构分析[M]. 上海: 同济大学出版社,1994.

[49] 项海帆. 高等桥梁结构理论[M]. 北京: 人民交通出版社,2001.

[50] 邹玲. 沥青混合料热物性参数研究[D]. 西安:长安大学,2011.

[51] CEB-FIP. CEB-FIP model code 1990[S]. Switzerland,CEB-FIP,1990.

[52] COPE J L,CANNON R W. Effect of restraint volume change and reinforcement on cracking of massive concrete[R]. [S. l.]:ACI Committee,1970.

[53] 中交公路规划设计院有限公司. 公路钢筋混凝土及预应力混凝土桥涵设计规范:JTG 3362—2018[S]. 北京:人民交通出版社股份有限公司,2018.

[54] BAZANT Z P,BAWEJA S. Creep and shrinkage prediction model for analysis and design of concrete structures-model B3[J]. Materials and Structures,1995,28:357-365.

[55] 吴炎平. 养护温度对高性能混凝土早期拉伸徐变影响的研究[D]. 杭州: 浙江工业大学,2010.

[56] 江鹏. 早龄期混凝土受压徐变的非线性模型[D]. 北京:北京交通大学,2016.

[57] HONORIO T,BARY B, BENBOUDJEMA F. Factors affecting the thermo-chemo-mechanical behaviour of massive concrete structures at early-age[J]. Materials and Structures,2016,49(8):3055-3073.

[58] 石雪飞. 斜拉桥结构参数估计及施工控制系统[D]. 上海:同济大学,1999.

[59] 陈德伟,项海帆. 大跨度斜拉桥的几何非线性分析[C]//中国土木工程学会,中国土木工程学会桥梁及结构工程学会第九届年会论文集,1990:676-682.

[60] 颜东煌,文钰,刘光栋,等. 斜拉桥的施工最优控制[J]. 国外公路,1999(03):54-59.

[61] 黄达海,刘广义,刘光廷. 大体积混凝土热学参数反分析新方法[J]. 计算力学学报,2003(05):574-578.

[62] 吴相豪,吴中如. 混凝土热力学参数反分析模型[J]. 水力发电,2001(02):20-22.

[63] 刘宁,张剑,赵新铭. 大体积混凝土结构热学参数随机反演方法初探[J]. 工程力学,2003(05):114-120.

[64] 苏怀智,张志诚,夏世法. 带有冷却水管的混凝土温度场热学参数反演[J]. 水力发电,2003(12):44-46.

[65] 王振红,朱岳明,武圈怀,等. 混凝土热学参数试验与反分析研究[J]. 岩土力学,2009(06):1821-1825.

[66] 张宇鑫. 大体积混凝土温度应力仿真分析与反分析[D]. 大连:大连理工大学,2002.

[67] 崔溦,陈王,王宁. 早期混凝土热学参数优化及温度场精确模拟[J]. 四川大学学报(工程科学版),2014(03):161-167.

[68] 张璐,赵文,李艺,等. 混杂纤维混凝土热工参数反分析研究[J]. 混凝土,2013(05):21-23.

[69] 章国美,朱岳明. 基于快速模拟退火算法的混凝土热学参数反演分析[J]. 水利水电技术,2007(01):56-58.

[70] 李守巨,刘迎曦. 基于模糊理论的混凝土热力学参数识别方法[J]. 岩土力学,2004(04):570-573.

[71] 交通运输部公路科学研究院. 公路工程质量检验评定标准:JTG F80/1—2012[S]. 北京:人民交通出版社,2012.

[72] BAN H,SHI G,SHI Y. Residual stress tests of high-strength steel equal angles[J]. Journal of Structural Engineering,2012,138(12):1446-1454.